WORKBOOK / VIDEO MA

AVENTURAS

Primer curso de lengua española

Donley • Benavides • Márquez

Boston, Massachusetts

ISBN 1-59334-000-1

10 9 8 7 6 5 4 3 2 1 B 07 06 05 04 03

Contenido

WORKBOOK

VIDEO MANUAL

Introduction

The AVENTURAS Workbook/Video Manual

Completely coordinated with the **AVENTURAS** student textbook, the Workbook/Video Manual for **AVENTURAS** provides you with additional practice of the vocabulary, grammar, and language functions presented in each of the textbook's sixteen lessons. The Workbook/Video Manual will also help you to continue building your reading and writing skills in Spanish. Icons and page references in the **recursos** boxes of the **AVENTURAS** student textbook correlate the Workbook and Video Manual to your textbook, letting you know when exercises and activities are available for use. Answers to the Workbook and Video Manual are located in a separate answer key booklet.

The Workbook

Each lesson's workbook activities focus on developing your reading and writing skills as they recycle the language of the corresponding textbook lesson. Exercise formats include, but are not limited to, true/false, multiple choice, fill-in-the-blanks, sentence completions, fleshing out sentences from key elements, and answering questions. You will also find activities based on drawings, photographs and maps.

Reflecting the overall organization of the textbook lessons, each workbook lesson consists of **Preparación, Gramática,** and **Aventuras en los países hispanos** sections. After every four lessons, a **Repaso** section appears, providing cumulative practice of the grammar and vocabulary you learned over previous lessons.

The Video Manual

The **AVENTURAS** video offers from 5 to 7 minutes of footage for fifteen lessons of the student textbook. Each module tells the continuing story of four college students from various Spanish-speaking countries who are studying at the **Universidad San Francisco de Quito** in Ecuador. They have all decided to spend their vacation break taking a bus tour of the Ecuadorian countryside with the ultimate goal of climbing up a volcano. The video, shot in a variety of locations throughout Ecuador, tells their story and the story of the tour bus driver who accompanies them.

The video modules contain three distinct elements. First, you will see a dramatic episode that brings the themes, vocabulary, grammar, and language functions of the corresponding textbook alive. These vignettes are always expanded versions of the ones featured in the **Aventuras** sections of your textbook. Within virtually every episode, one of the main characters reminisces about where he or she is from. During these flashbacks, you will see collages of cultural images specially shot in Spain, Mexico, Puerto Rico and Ecuador that will give you additional insights into the everyday life of Spanish speakers in several areas of the world. Finally, each module ends with a **Resumen** section in which a main character recaps the dramatic episode, emphasizing the grammar and vocabulary of the corresponding textbook lesson within the context of the episode's key events.

The video activities will guide you through the video modules. **Antes de ver el video** offers previewing activities to prepare you for successful video viewing experiences. **Mientras ves el video** contains while-viewing activities that will track you through each module, targeting key ideas and events in the dramatic episodes, flashbacks, and **Resumen** sections. Lastly, **Después de ver el video** provides post-viewing activities that check your comprehension and ask you to apply these materials to your own life or offer your own opinions.

We hope that you will find the **AVENTURAS** Workbook/Video Manual to be a useful language learning resource and that it will help you to increase your Spanish language skills in a productive, enjoyable fashion.

The AVENTURAS authors and the Vista Higher Learning editorial staff

Nombre ______________________ Fecha ______________________

PREPARACIÓN

Lección 1

Workbook

1 **Saludos** For each question or expression, write the appropriate answer from the box in each blank.

Nos vemos.	El gusto es mío.	Soy de Ecuador.	De nada.
Me llamo Pepe.	Muy bien, gracias.	Nada.	Encantada.

1. ¿Cómo te llamas? ______________________
2. ¿Qué hay de nuevo? ______________________
3. ¿De dónde eres? ______________________
4. Adiós. ______________________
5. ¿Cómo está usted? ______________________
6. Mucho gusto. ______________________
7. Te presento a la señora Díaz. ______________________
8. Muchas gracias. ______________________

2 **Conversación** Complete this conversation by writing one word in each blank.

ANA Buenos días, Sr. González. ¿Cómo ______ (1) ______ (2)?

SR. GONZÁLEZ ______ (3) bien, gracias. ¿Y tú, ______ (4) estás?

ANA Bien. ______ (5) presento a Antonio.

SR. GONZÁLEZ Mucho ______ (6), Antonio.

ANTONIO El gusto ______ (7) ______ (8).

SR. GONZÁLEZ ¿De dónde ______ (9), Antonio?

ANTONIO ______ (10) ______ (11) México.

ANA ______ (12) luego, Sr. González.

SR. GONZÁLEZ Nos ______ (13), Ana.

ANTONIO ______ (14), Sr. González.

3 **Saludos, despedidas y presentaciones** Complete these phrases with the missing words. Then write each phrase in the correct column of the chart.

1. ¿ ______ pasa?
2. ______ luego.
3. ______ gusto.
4. Te ______ a Irene.
5. ¿ ______ estás?
6. ______ días.
7. El ______ es mío.
8. Nos ______.

Saludos	Despedidas	Presentaciones

Nombre ______________________ Fecha ______________________

Workbook

4 **Los países** Fill in the blanks with the name of the Spanish-speaking country that is highlighted in each map.

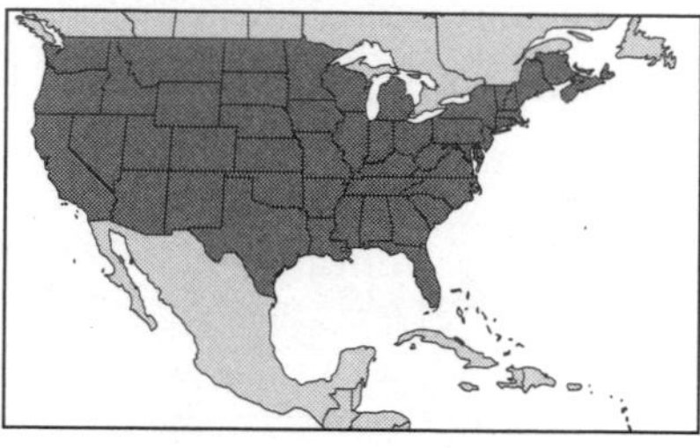

1. ______________________

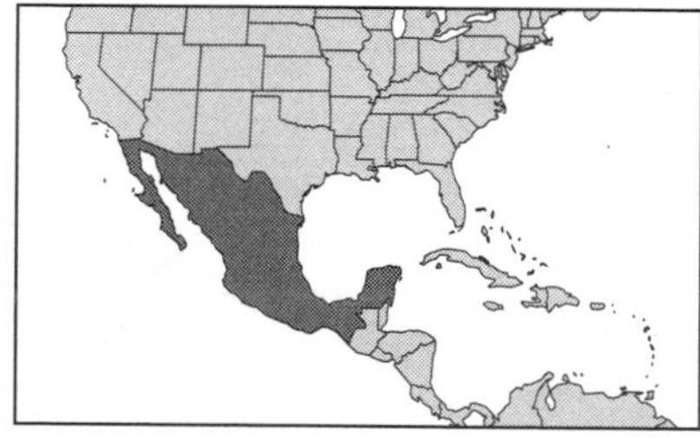

2. ______________________

3. ______________________

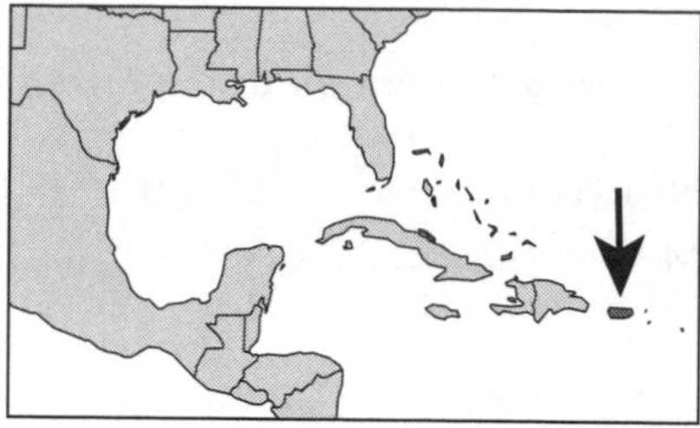

4. ______________________

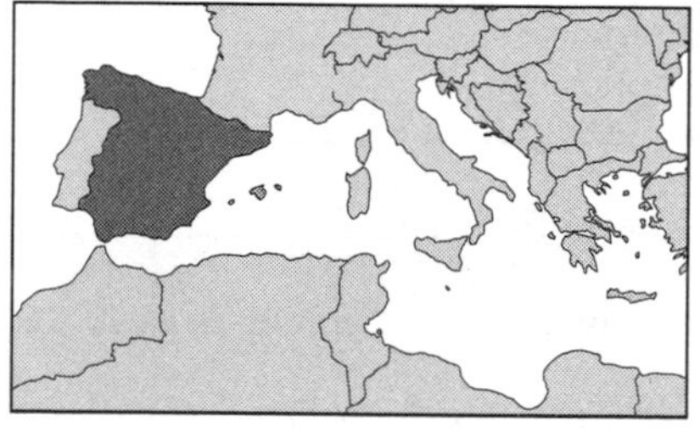

5. ______________________

5 **Diferente** Write the word or phrase that does not belong in each group.

1. Hasta mañana.
   Nos vemos.
   Buenos días.
   Hasta pronto.

   ____

2. ¿Qué tal?
   Regular.
   ¿Qué pasa?
   ¿Cómo estás?

   ____

3. Ecuador
   Washington
   México
   Estados Unidos

   ____

4. Muchas gracias.
   Muy bien, gracias.
   No muy bien.
   Regular.

   ____

5. ¿De dónde eres?
   ¿Cómo está usted?
   ¿De dónde es usted?
   ¿Cómo se llama usted?

   ____

6. Chau.
   Buenos días.
   Hola.
   ¿Qué tal?

   ____

Nombre ______________________ Fecha ______________________

Workbook

GRAMÁTICA

1.1 Nouns and articles

1 **¿Masculino o femenino?** Write the correct definite article before each noun. Then write each article and noun in the correct column.

1. ______ hombre
2. ______ profesora
3. ______ chica
4. ______ pasajero
5. ______ mujer
6. ______ conductora
7. ______ chico
8. ______ pasajera
9. ______ profesor

Masculino	**Femenino**

2 **¿El, la, los o las?** Write the correct definite article before each noun.

1. ______ autobús
2. ______ maleta
3. ______ lápices
4. ______ diccionario
5. ______ palabras
6. ______ mano
7. ______ país
8. ______ problema
9. ______ cosas
10. ______ diarios

3 **Singular y plural** Give the plural form of each singular article and noun and the singular form of each plural article and noun.

1. unas capitales ______
2. un día ______
3. un cuaderno ______
4. unos números ______
5. una computadora ______
6. unas escuelas ______
7. unos mapas ______
8. un programa ______
9. unos autobuses ______
10. una palabra ______

4 **Las cosas** For each picture, provide the noun with its corresponding definite and indefinite articles.

1. ______ ______

2. ______ ______

3. ______ ______

4. ______ ______

1.2 Numbers 0–30

1 **Los números** Solve the math problems to complete the crossword puzzle.

1. (*horizontal*) veinte más cinco
1. (*vertical*) once más once
2. seis más tres
3. diez más cuatro
4. trece menos trece
5. veintiséis menos quince
6. doce más ocho
7. veintinueve menos diecinueve
8. treinta menos catorce
9. veintitrés menos dieciséis
10. siete más uno
11. veinticinco menos veintiuno
12. once más dos

2 **¿Cuántos hay?** Write sentences that indicate how many items there are. Write out the numbers.

modelo

2 cuadernos

Hay *dos cuadernos*.

1. 3 diccionarios ______
2. 12 estudiantes ______
3. 10 lápices ______
4. 7 maletas ______
5. 25 palabras ______
6. 21 países ______
7. 13 grabadoras ______
8. 18 pasajeros ______
9. 15 computadoras ______
10. 27 pasajeros ______

1.3 Present tense of ser

1 **Los pronombres** In the second column, write the subject pronouns that you would use when addressing the people listed in the first column. In the third column, write the pronouns you would use when talking about them.

Personas	Addressing them	Talking about them
1. el señor Varela	______	______
2. Claudia, Eva y Ana	______	______
3. un hombre y dos mujeres	______	______
4. la profesora	______	______
5. un estudiante	______	______
6. el director de una escuela	______	______
7. tres chicas	______	______
8. un pasajero de autobús	______	______
9. Antonio y Miguel	______	______
10. una turista	______	______

2 **Son y somos** Complete these sentences with the correct forms of **ser.**

1. Los pasajeros ______ de Estados Unidos.
2. Nosotros ______ profesores.
3. La computadora ______ de Marisol.
4. La profesora ______ Elsa Jiménez.
5. Yo ______ de San Antonio.
6. ¿Quién ______ el conductor?
7. Tú ______ estudiante.
8. ¿De quiénes ______ las maletas?

3 **Nosotros somos...** Rewrite each sentence with the new subject. Change the verb **ser** as necessary.

modelo

Ustedes son profesores.
Nosotros *somos profesores.*

1. Nosotros somos estudiantes. Ustedes ______.
2. Usted es de Puerto Rico. Ella ______.
3. Nosotros somos conductores. Ellos ______.
4. Yo soy estudiante. Tú ______.
5. Ustedes son del Ecuador. Nosotras ______.
6. Ella es profesora. Yo ______.
7. Tú eres de España. Él ______.
8. Ellos son de México. Ellas ______.

Workbook

4 **¿De quién es?** Use **ser** + **de** (or **del**) to indicate that the object belongs to the person or people listed.

modelo

grabadora / el hombre
Es la grabadora del hombre.

1. diccionario / el estudiante ____________________
2. cuadernos / las chicas ____________________
3. mano / Manuel ____________________
4. maletas / la turista ____________________
5. mapas / los profesores ____________________
6. autobús / el conductor ____________________
7. lápices / la joven ____________________
8. fotografía / los chicos ____________________
9. computadora / la directora ____________________
10. capital / el país ____________________

5 **¿De dónde son?** Use **ser** + **de** to indicate where the people are from.

modelo

Ustedes / Costa Rica
Ustedes son de Costa Rica.

1. Lina y María / Colombia ____________________
2. El profesor / México ____________________
3. Tú y los jóvenes / Argentina ____________________
4. Las estudiantes / los Estados Unidos ____________________
5. Ellos / Ecuador ____________________
6. La mujer / Puerto Rico ____________________
7. Los turistas / España ____________________
8. Él y yo / Chile ____________________
9. Nosotras / Cuba ____________________
10. Usted / Venezuela ____________________

6 **¿De quién?** Write questions for these answers.

modelo

¿De dónde son ellos?
Ellos son de España.

1. ____________________
   Los lápices son de Ramón.
2. ____________________
   Lilia es del Ecuador.
3. ____________________
   Es una foto.
4. ____________________
   Ellas son Marisa y Susana.

Nombre ______________________ Fecha ______________________

1.4 Telling time

1 **La hora** Give the time shown on each clock using complete sentences.

1. ______________________
2. ______________________

3. ______________________
4. ______________________

5. ______________________
6. ______________________

2 **¿Qué hora es?** Use complete sentences to tell the time.

1. 3:40 p.m. ______________________
2. 6:00 a.m. ______________________
3. 9:15 p.m. ______________________
4. 12:00 a.m. ______________________
5. 1:10 p.m. ______________________
6. 10:45 a.m. ______________________
7. 5:05 p.m. ______________________
8. 11:50 p.m. ______________________
9. 1:30 a.m. ______________________
10. 10:00 p.m. ______________________

Nombre ______________________ Fecha ______________________

3 **El día de Marta** Use the schedule to answer the questions in complete sentences.

8:45 a.m.	Biología
11:00 a.m.	Cálculo
12:00 p.m.	Almuerzo
2:00 p.m.	Español
4:15 p.m.	Yoga
10:30 p.m.	Programa especial

1. ¿A qué hora es la clase de biología? ______________________
2. ¿A qué hora es la clase de cálculo? ______________________
3. ¿A qué hora es el almuerzo (*lunch*)? ______________________
4. ¿A qué hora es la clase de español? ______________________
5. ¿A qué hora es la clase de yoga? ______________________
6. ¿A qué hora es el programa especial? ______________________

4 **Síntesis** Answer the questions about yourself and your class using complete sentences.

1. ¿Cómo te llamas? ______________________
2. ¿De dónde eres? ______________________
3. ¿Qué hay de nuevo? ______________________
4. ¿Qué hora es? ______________________
5. ¿A qué hora es la clase de español? ______________________
6. ¿Cuántos estudiantes hay en la clase de español? ______________________
7. ¿Hay estudiantes de México en la clase? ______________________
8. ¿A qué hora es tu (*your*) programa de televisión favorito? ______________________

Nombre ____________________ Fecha ____________________

PREPARACIÓN

Lección 2

Workbook

1 **Categorías** Read each group of items. Then write the word from the list that describes a category for the group.

cursos	cafetería	biblioteca
laboratorio	clase	geografía

1. sándwiches, tacos, sodas, bananas ____________________
2. mapas, capitales, países, nacionalidades ____________________
3. historia, matemáticas, geografía, lenguas extranjeras ____________________
4. microscopios, experimentos, química, elementos ____________________
5. libros, mesas, computadoras, sillas ____________________
6. pizarras, tiza, borrador, profesora, escritorios ____________________

2 **Buscar** (*Search*) Find school-related words in the grid, looking horizontally and vertically. Circle them in the puzzle, and write the words in the blanks.

S	P	F	Í	S	I	C	A	B	Q	G	Ñ	E
O	E	S	P	A	Ñ	O	L	E	U	S	B	R
C	X	B	E	C	O	N	U	M	Í	O	I	M
I	A	R	T	E	G	Q	F	A	M	F	O	I
O	M	C	A	C	L	Ó	U	R	I	V	L	N
L	E	P	R	U	E	B	A	A	C	D	O	G
O	N	U	E	O	N	E	Z	H	A	U	G	L
G	Ñ	D	A	M	C	L	A	S	E	T	Í	É
Í	E	J	I	L	R	I	E	M	C	I	A	S
A	P	E	R	I	O	D	I	S	M	O	P	I
D	S	T	H	O	R	A	R	I	O	Q	X	Á
K	U	M	A	N	I	P	Á	D	C	S	M	O

____________________ ____________________
____________________ ____________________
____________________ ____________________
____________________ ____________________
____________________ ____________________
____________________ ____________________
____________________ ____________________
____________________ ____________________

Nombre ______________________ Fecha ______________________

Workbook

3 **El calendario** Use the calendar to answer these questions with complete sentences.

marzo

L	M	M	J	V	S	D
		1	2	3	4	5
6	7	8	9	10	11	12
13	14	15	16	17	18	19
20	21	22	23	24	25	26
27	28	29	30	31		

abril

L	M	M	J	V	S	D
					1	2
3	4	5	6	7	8	9
10	11	12	13	14	15	16
17	18	19	20	21	22	23
24	25	26	27	28	29	30

modelo

¿Qué día de la semana es el 8 de abril (*April*)?
El *8 de abril es sábado./Es sábado.*

1. ¿Qué día de la semana es el 21 de marzo (*March*)? ______________________
2. ¿Qué día de la semana es el 7 de abril? ______________________
3. ¿Qué día de la semana es el 2 de marzo? ______________________
4. ¿Qué día de la semana es 28 de marzo? ______________________
5. ¿Qué día de la semana es el 19 de abril? ______________________
6. ¿Qué día de la semana es el 12 de marzo? ______________________
7. ¿Qué día de la semana es el 3 de abril? ______________________
8. ¿Qué día de la semana es el 22 de abril? ______________________
9. ¿Qué día de la semana es el 31 de marzo? ______________________
10. ¿Qué día de la semana es el 9 de abril? ______________________

4 **Completar** Complete these sentences using words from the word bank.

biblioteca	universidad	laboratorio	computación	horario
profesora	examen	geografía	arte	tarea

1. La ______________________ de español es de México.
2. El ______________________ dice (*says*) a qué hora son las clases.
3. A las once hay un ______________________ de biología.
4. Martín es artista y toma (*takes*) una clase de ______________________.
5. Hay veinte computadoras en la clase de ______________________.
6. Los experimentos se hacen (*are made*) en el ______________________.
7. Hay muchos libros en la ______________________.
8. Los mapas son importantes en el curso de ______________________.

GRAMÁTICA

2.1 Present tense of regular –ar verbs

1 **Tabla** (*Chart*) **de verbos** Write the missing forms of each verb.

Present tense					
Infinitivo	**yo**	**tú**	**Ud., él, ella**	**nosotros/as**	**Uds., ellos**
1. cantar	______	______	______	______	______
2. ______	pregunto	______	______	______	______
3. ______	______	contestas	______	______	______
4. ______	______	______	practica	______	______
5. ______	______	______	______	deseamos	______
6. ______	______	______	______	______	llevan

2 **Completar** Complete these sentences using the correct form of the verb in parentheses.

1. (viajar) Los turistas ______________________ en un autobús.
2. (hablar) Elena y yo ______________________ español en clase.
3. (llegar) Los estudiantes ______________________ a la residencia estudiantil.
4. (dibujar) Yo ______________________ un reloj en la pizarra.
5. (comprar) La señora García ______________________ libros en la librería de la universidad.
6. (regresar) Francisco y tú ______________________ de la biblioteca.
7. (terminar) El semestre ______________________ en mayo (*May*).
8. (buscar) Tú ______________________ a tus (*your*) compañeros de clase en la cafetería.

3 **¿Quién es?** Complete these sentences with the correct verb form.

busco	esperan	trabaja	regresamos
enseña	conversas	toman	compran

1. Nosotras ______________________ a las seis de la tarde.
2. Muchos estudiantes ______________________ el curso de periodismo.
3. Rosa y Laura no ______________________ a Manuel.
4. Tú ______________________ con los chicos en la residencia estudiantil.
5. El compañero de cuarto de Jaime ______________________ en el laboratorio.
6. Yo ______________________ un libro en la biblioteca.
7. Rebeca y tú ______________________ unas maletas para viajar.
8. La profesora Reyes ______________________ el curso de español.

4 **Usar los verbos** Form sentences using the words provided. Use the correct present tense or infinitive form of each verb.

1. Una estudiante / desear / hablar / con su profesora de biología.
2. Mateo / bailar / en la cafetería de la universidad.
3. Los profesores / contestar / las preguntas (*questions*) de los estudiantes.
4. (Nosotros) / esperar / viajar / a Madrid.
5. Ella / hablar / de (*about*) computación con su compañera de cuarto.
6. (Yo) / necesitar / practicar / los verbos en español.

5 **Negativo** Rewrite these sentences to make them negative.

1. Juanita y Raúl trabajan en la biblioteca.
2. El conductor llega al mediodía.
3. Deseo comprar tres cuadernos.
4. El estudiante espera a la profesora.
5. Estudiamos a las seis de la mañana.
6. Tú necesitas usar (*use*) la computadora.

6 **¿Y tú?** Use complete sentences to answer these yes or no questions.

modelo

¿Bailas el tango?
No, no bailo el tango.

1. ¿Estudias biología en la universidad?
2. ¿Conversas mucho con los compañeros de clase?
3. ¿Esperas estudiar administración de empresas?
4. ¿Necesitas descansar después de (*after*) los exámenes?
5. ¿Compras los libros en la librería?
6. ¿Escuchas música jazz?

2.2 Forming questions in Spanish

1 **Las preguntas** Make questions out of these statements by inverting the word order.

1. Uds. son de Puerto Rico.
____
2. El estudiante dibuja un mapa.
____
3. Los turistas llegan en autobús.
____
4. La clase termina a las dos de la tarde.
____
5. Samuel trabaja en la biblioteca.
____
6. Los chicos miran un programa de televisión.
____
7. El profesor Miranda enseña la clase de sociología.
____
8. Isabel compra cinco libros de historia.
____
9. Mariana y Javier estudian para (*for*) el examen.
____
10. Ellas conversan en la cafetería de la universidad.
____

2 **Seleccionar** Choose an interrogative word from the list to write a question that corresponds with each response.

Dónde	**Cuándo**	**Cuántos**	**Adónde**
Quién	**Qué**	**Por qué**	

1. ______________________________
Paco y Rosa caminan a la biblioteca.
2. ______________________________
El profesor de español es de México.
3. ______________________________
Hay quince estudiantes en la clase.
4. ______________________________
El compañero de cuarto de Jaime es Manuel.
5. ______________________________
La clase de física es en el laboratorio.
6. ______________________________
Julia lleva una computadora portátil.
7. ______________________________
El programa de televisión termina a las diez.
8. ______________________________
Estudio biología porque (*because*) me gusta el laboratorio.

Nombre ______________________ Fecha ______________________

Workbook

3 **Muchas preguntas** Form four different questions from each statement.

1. Sara canta en el coro (*choir*) de la universidad.

____

____

____

____

2. La estudiante busca el libro de arte.

____

____

____

____

3. La profesora Gutiérrez enseña contabilidad.

____

____

____

____

4. Uds. necesitan hablar con el profesor de historia.

____

____

____

____

4 **¿Qué palabra?** Write the interrogative word that makes sense in each question.

1. ¿______________________ es la clase de administración de empresas?
   Es en la biblioteca.
2. ¿______________________ estudias para los exámenes de matemáticas?
   Estudio por la noche (*at night*).
3. ¿______________________ es el profesor de inglés?
   Es de los Estados Unidos.
4. ¿______________________ libros hay en la clase de biología?
   Hay diez libros.
5. ¿______________________ caminas con (*with*) Olga?
   Camino a la clase de biología con Olga.
6. ¿______________________ enseña el profesor Hernández en la universidad?
   Enseña matemáticas.
7. ¿______________________ llevas cinco libros en la mochila?
   Porque regreso de la biblioteca.
8. ¿______________________es la profesora de física?
   Es la señora Caballero.

2.3 The present tense of estar

1 **Están en...** Answer the questions based on the pictures. Write complete sentences.

1. ¿Dónde están Cristina y Bruno?

____

2. ¿Dónde están la profesora y el estudiante?

____

3. ¿Dónde está la puerta?

____

4. ¿Dónde está la mochila?

____

5. ¿Dónde está el pasajero?

____

6. ¿Dónde está José Miguel?

____

2 **¿Dónde están?** Use these cues and the correct form of **estar** to write complete sentences. Add any missing words.

1. libros / cerca / escritorio
____
2. Uds. / al lado / puerta
____
3. diccionario / entre / computadoras
____
4. lápices / sobre / cuaderno
____
5. estadio / lejos / residencias
____
6. mochilas / debajo / mesa
____
7. tú / en / clase de psicología
____
8. reloj / a la derecha / ventana
____
9. Rita / a la izquierda / Julio
____

Nombre ______________________ Fecha ______________________

Workbook

3 **¿Ser o estar?** Complete these sentences with the correct present-tense form of the verb **ser** or **estar.**

1. Sonia ______________________ muy bien hoy.
2. Las sillas ______________________ delante del escritorio.
3. Ellos ______________________ estudiantes de sociología.
4. Alma ______________________ de un pueblo (*town*) de España.
5. ______________________ las diez y media de la mañana.
6. Nosotras ______________________ en la biblioteca.

4 **Las llaves** Complete this cell phone conversation with the correct forms of **estar.**

GUSTAVO Hola, Pablo. ¿______(1)______ en la residencia estudiantil?

PABLO Sí, ______(2)______ en la residencia.

GUSTAVO Necesito el libro de física.

PABLO ¿Dónde ______(3)______ el libro?

GUSTAVO El libro ______(4)______ en mi cuarto (*room*), al lado de la computadora.

PABLO ¿Dónde ______(5)______ la computadora?

GUSTAVO La computadora ______(6)______ está encima del escritorio.

PABLO ¡Aquí (*Here*) ______(7)______ el libro de física!

5 **Conversación** Complete this dialogue with the correct forms of **ser** and **estar**.

PILAR Hola, Irene. ¿Cómo ______(1)______?

IRENE Muy bien, ¿y tú? ¿Qué tal?

PILAR Bien, gracias. Te presento a Pablo.

IRENE Encantada, Pablo.

PILAR Pablo ______(2)______ de México.

IRENE ¿De dónde en México ______(3)______?

PABLO ______(4)______ de Monterrey. ¿Y tú, de dónde ______(5)______?

IRENE ______(6)______ de San Juan, Puerto Rico.

PILAR ¿Dónde ______(7)______ Claudia, tu (*your*) compañera de cuarto?

IRENE ______(8)______ en la residencia de estudiantes.

PABLO Nosotros vamos a (*are going to*) la librería ahora.

PILAR Necesitamos comprar el manual del laboratorio de física.

IRENE ¿A qué hora ______(9)______ la clase de física?

PABLO ______(10)______ a las doce del mediodía. ¿Qué hora ______(11)______ ahora?

PILAR ______(12)______ las once y media.

IRENE ¡Menos mal que (*fortunately*) la librería ______(13)______ cerca del laboratorio!

PILAR Sí, no ______(14)______ lejos de la clase. Nos vemos.

IRENE Hasta luego

PABLO Chau.

2.4 Numbers 31–100

1 **Números de teléfono** Provide the words for these telephone numbers.

modelo
968-3659
nueve, sesenta y ocho, treinta y seis, cincuenta y nueve

1. 776-7799
2. 543-3162
3. 483-4745
4. 352-5073
5. 888-7540
6. 566-3857
7. 492-6033
8. 780-5770

2 **¿Cuántos hay?** Use the inventory list to answer these questions about the amount of items in stock at the school bookstore. Use complete sentences and write out the Spanish words for numbers.

Inventario

lápices	91	*mochilas*	31
plumas	85	*diccionarios*	43
grabadoras	72	*computadoras*	30
cuadernos	50	*mapas*	66

1. ¿Cuántos mapas hay? ______________________
2. ¿Cuántas mochilas hay? ______________________
3. ¿Cuántos diccionarios hay? ______________________
4. ¿Cuántos cuadernos hay? ______________________
5. ¿Cuántas plumas hay? ______________________
6. ¿Cuántos lápices hay? ______________________
7. ¿Cuántas computadoras hay? ______________________
8. ¿Cuántas grabadoras hay? ______________________

Workbook

3 **Por ciento** Use the pie chart to complete these sentences. Write out the Spanish numbers in words.

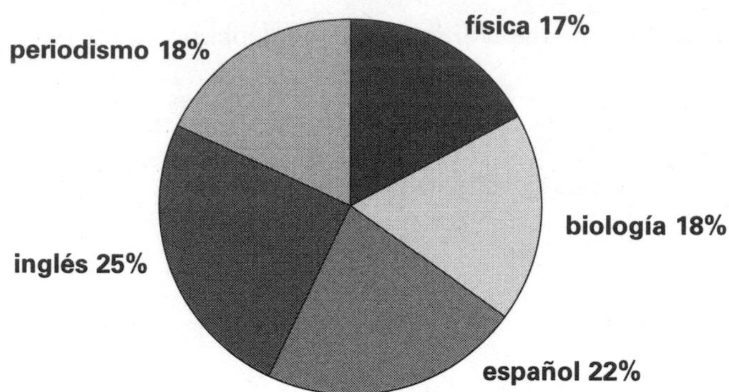

1. Un _______________ por ciento de los estudiantes estudian biología o física.
2. Un _______________ por ciento de los estudiantes estudian inglés o periodismo.
3. Un _______________ por ciento de los estudiantes no estudian ciencias (*sciences*).
4. Un _______________ por ciento de los estudiantes no estudian biología.
5. Un _______________ por ciento de los estudiantes estudian inglés o español.
6. Un _______________ por ciento de los estudiantes no estudian idiomas (*languages*).

4 **Síntesis** Imagine that a parent calls a college student during the second week of courses. Write questions that the parent might ask about the son or daughter's schedule, courses, and campus life. Use the cues provided. Then write possible answers.

modelo
¿Cuándo termina la clase de español?
La clase de español termina a las tres.

- ¿A qué hora...?
- ¿Dónde está...?
- ¿Qué cursos...?
- ¿Trabajas...?
- ¿Estudias...?
- ¿Qué días de la semana...?
- ¿Hay...?
- ¿Cuántos...?

____
____
____
____
____
____
____
____

Nombre ______________________ Fecha ______________________

AVENTURAS EN LOS PAÍSES HISPANOS

Estados Unidos

1 **Un mapa** Write the name of each city numbered on the map and provide its Hispanic population.

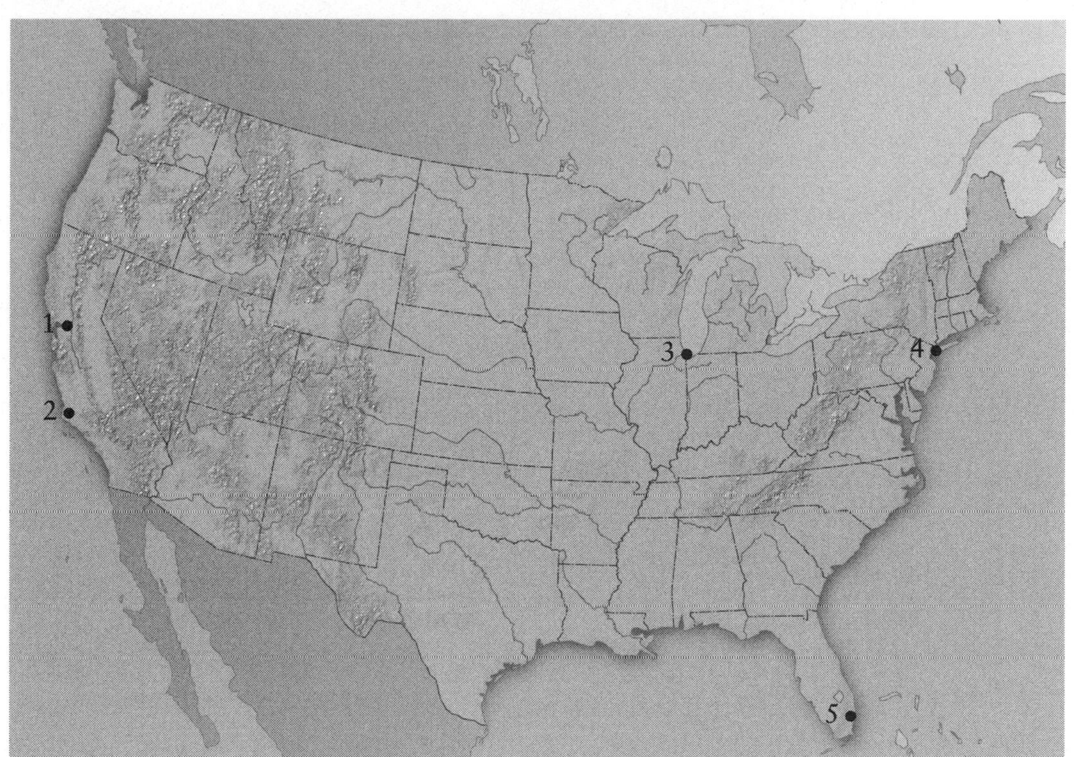

1. ______________________ (______________ millones de hispanos)
2. ______________________ (______________ millones de hispanos)
3. ______________________ (______________ millones de hispanos)
4. ______________________ (______________ millones de hispanos)
5. ______________________ (______________ millones de hispanos)

2 **Hispanos en Estados Unidos** Where do most Hispanics in the U.S. come from? Which state has the largest Hispanic population? Rank the regions and states from 1(*most*) to 5(*least*).

Origen	**Estados**
________ Cuba	________ Nueva York
________ Puerto Rico	________ Illinois
________ México	________ Florida
________ Centroamérica y Sudamérica	________ California
________ Otros países	________ Texas

3

Palabras Use the clues to put the letters in order and spell words from **Aventuras en los países hispanos.** Then complete the following sentences.

1. QIRRTUPOESORÑEU

El desfile de junio en Nueva York es de ______________________.

2. EXCNAMIA

Los tacos son comida ______________________.

3. ABOUNC

La Pequeña Habana es un barrio ______________________.

4. PSÑSEOALE

El Palacio de los Gobernadores tiene orígenes ______________________.

5. SAIPNHO

34.540.000 es la población de origen ______________________ en los Estados Unidos.

4

Palabras cruzadas (*crossed*) Write one letter in each square. Then complete the final sentence using the new words formed in bold.

1. Hay 5.875.000 hispanos en este estado.
2. ¿Qué hay en San Agustín, Florida?
3. Comida popular mexicana
4. Ciudad donde está La Pequeña Habana
5. ¿Qué es Geraldo Rivera?
6. El 65,2% de la población hispana en los EE.UU. es de este país.
7. Primer nombre de una actriz latina famosa
8. ¿Qué es Ellen Ochoa?
9. ¿Qué tipo de comida son las quesadillas?
10. ¿En qué estado está la Misión de San Xavier del Bac?
11. Todos los años hay uno en Nueva York.
12. Apellido del dictador de Cuba
13. Influencia cultural visible en los EE.UU.

1
2
3
4
5
6
7
8
9
10
11
12
13

______________________ **es un país de habla española.**

Nombre ______________ Fecha ______________

PREPARACIÓN

Lección 3

1 **La familia** Look at the family tree and describe the relationships between these people.

modelo

Eduardo / Concha

Eduardo es el padre de Concha.

1. Juan Carlos y Sofia / Pilar

____

2. Pilar / Ana María y Luis Miguel

____

3. Eduardo / Raquel

____

4. José Antonio y Ramón / Concha

____

5. Raquel / Pilar

____

6. Concha, José Antonio y Ramón / Pilar

____

7. Ana María / Raquel

____

8. Joaquín / Ana María y Luis Miguel

____

Workbook

2 **Diferente** Write the word that does not belong in each group.

1. ingeniera, médica, programadora, periodista, hijastra _______________
2. cuñado, nieto, yerno, suegra, nuera _______________
3. sobrina, prima, artista, tía, hermana _______________
4. padre, hermano, hijo, novio, abuelo _______________
5. muchachos, tíos, niños, chicos, hijos _______________
6. amiga, hermanastra, media hermana, madrastra _______________

3 **Crucigrama** Complete this crossword puzzle.

Horizontales

3. el hijo de mi hermano
4. la esposa de mi padre, pero no soy su hijo
6. el hijo de mi hija
7. el esposo de mi hermana
8. hombre que estudió (*studied*) computación
10. la madre de mi padre
11. padre, madre e (*and*) hijos
12. el hijo de mi madrastra, pero no de mi padre
15. doctor
16. tus nietos son los _______________ de tus hijos
17. personas en general
18. la hija de mi esposa, pero no es mi hija

Verticales

1. mujer que escribe (*writes*) para el *New York Times*
2. compañeros inseparables
4. chicos
5. el esposo de mi madre es el _______________ de mis abuelos
8. el hijo de mi tía
9. abuelos, primos, tíos, etc.
13. Pablo Picasso y Diego de Velázquez
14. el hermano de mi madre

Nombre ______________________ Fecha ______________________

Workbook

GRAMÁTICA

3.1 Descriptive adjectives

1 **¿Cómo son?** Use the adjective in parentheses that agrees with each subject to write descriptive sentences about them.

modelo
gordo, delgada
Lidia: *Lidia es delgada.*
El novio de Olga: *El novio de Olga es gordo.*

(simpático, guapos, alta, bonitas)

1. la profesora de historia: ______________________
2. David y Simón: ______________________
3. el artista: ______________________

(trabajadora, viejo, delgadas, rubios)

4. esas (*those*) muchachas: ______________________
5. el abuelo de Alberto: ______________________
6. la programadora: ______________________

2 **Descripciones** Complete each sentence with the correct forms of the adjectives in parentheses.

1. Lupe, Rosa y Tomás son ______________ (bueno) amigos.
2. Ignacio es ______________ (alto) y ______________ (guapo).
3. Lourdes y Virginia son ______________ (bajo) y ______________ (delgado).
4. Pedro y Vanessa son ______________ (moreno), pero Diana es ______________ (pelirrojo).
5. Nosotras somos ______________ (inteligente) y ______________ (trabajador).
6. Esos (*Those*) chicos son ______________ (simpático), pero son ______________ (tonto).

3 **Lo opuesto** (*The opposite*) Answer these questions using the adjective with the opposite meaning.

modelo
¿Es alta Rosa?
No, es baja.

1. ¿Es antipático el Sr. Lomas? ______________________
2. ¿Son morenas las hijas de Sara? ______________________
3. ¿Es fea la hermana de Eduardo? ______________________
4. ¿Son viejos los profesores de matemáticas? ______________________
5. ¿Son malos los nietos de la Sra. Sánchez? ______________________
6. ¿Es guapo el novio de Teresa? ______________________

Workbook

4 **Origen y nacionalidad** Read the names and origins of the people in this tour group. Then write sentences saying what city they are from and their nationalities.

modelo
Álvaro Estrada / Miami, Estados Unidos
Álvaro Estrada es de Miami. Es estadounidense.

1. Keiko y Benkei Taguchi / Tokio, Japón ______________________
2. Pierre y Marie Lebrun / Montreal, Canadá ______________________
3. Luigi Mazzini / Roma, Italia ______________________
4. Elizabeth Mitchell / Londres, Inglaterra (*England*) ______________________
5. Roberto Morales / Madrid, España ______________________
6. Andrés y Patricia Padilla / Quito, Ecuador ______________________
7. Paula y Cecilia Robles / San Juan, Puerto Rico ______________________
8. Conrad Schmidt / Berlín, Alemania (*Germany*) ______________________
9. Antoinette y Marie Valois / París, Francia ______________________
10. Marta Zedillo / Guadalajara, México ______________________

5 **Completar** Complete each sentence with the correct form of each adjective in parentheses.

(bueno)

1. La clase de matemáticas es muy ______________________.
2. Rogelio es un ______________________ compañero de cuarto.
3. Agustina compra una ______________________ mochila para la computadora.
4. Andrés y Guillermo son muy ______________________ amigos.

(malo)

5. Federico es antipático y una ______________________ persona.
6. Ahora es un ______________________ momento para descansar.
7. La comida (*food*) de la cafetería es ______________________.
8. Son unas semanas ______________________ para viajar.

(grande)

9. Hay un ______________________ evento en el estadio hoy.
10. Los problemas en esa (*that*) familia son muy ______________________.
11. La biblioteca de la universidad es ______________________.
12. La prima de Irma es una ______________________ amiga.

3.2 Possessive adjectives

1 **¿De quién es?** Answer each question affirmatively using the correct possessive adjective.

modelo
¿Es tu maleta?
Sí, es mi maleta.

1. ¿Es la mochila de Adela? ______________________
2. ¿Es mi clase de español? ______________________
3. ¿Son los papeles de la profesora? ______________________
4. ¿Es el diccionario de tu compañera de cuarto? ______________________
5. ¿Es tu novia? ______________________
6. ¿Son los lápices de ustedes? ______________________

2 **Sus parientes** Complete each sentence with the correct possessive adjective.

modelo
Lupe habla con ___su___ sobrina.

1. Yo hablo con ______________ abuelos.
2. Carmen llega con ______________ esposo Rafael.
3. Bailamos con ______________ parientes.
4. Tú no bailas con ______________ hermanastra.
5. Pepe y Teresa hablan con ______________ tíos.
6. Escucho música con ______________ sobrina.

3 **Clarificar** Clarify each sentence by adding a prepositional phrase that clarifies to whom the item(s) belong.

modelo
¿Es su libro? (ellos)
¿Es el libro de ellos?

1. ¿Cuál es su problema? (ella)
____
2. Trabajamos con su madre. (ellos)
____
3. ¿Dónde están sus papeles? (Uds.)
____
4. ¿Son sus plumas? (ella)
____
5. ¿Quiénes son sus compañeros de cuarto? (él)
____
6. ¿Cómo se llaman sus sobrinos? (Ud.)
____

4 **Familia** Write the appropriate forms of the possessive adjectives indicated in parentheses.

1. ______ (*My*) cuñada, Isabella, es italiana.
2. ______ (*Their*) parientes están en el Ecuador.
3. ¿Quién es ______ (*your* fam.) tío?
4. ______ (*Our*) padres regresan a las diez.
5. Es ______ (*his*) tarea de matemáticas.
6. Linda y María son ______ (*my*) hijas.
7. ¿Dónde trabaja ______ (*your* form.) esposa?
8. ______ (*Our*) familia es grande.

5 **Posesiones** Write sentences using possessive pronouns to indicate who owns these items.

modelo
Yo compro un escritorio.
Es mi escritorio.

1. Uds. compran cuatro sillas. ______
2. Tú compras una mochila. ______
3. Nosotros compramos una mesa. ______
4. Yo compro una maleta. ______
5. Él compra unos lápices. ______
6. Ellos compran una grabadora. ______

6 **Preguntas** Answer these questions using possessive adjectives and the words in parentheses.

modelo
¿Dónde está tu amiga? (Quito)
Mi amiga está en Quito.

1. ¿Cómo es tu padre? (alto y moreno)

______

2. José, ¿dónde están mis papeles? (en el escritorio)

______

3. ¿Cómo es la escuela de Felipe? (pequeña y vieja)

______

4. ¿Son mexicanos los amigos de Uds.? (puertorriqueños)

______

5. Mami, ¿dónde está mi tarea? (en la mesa)

______

6. ¿Cómo son los hermanos de Pilar? (simpáticos)

______

3.3 Present tense of regular –er and –ir verbs

1 **Conversaciones** Complete these conversations with the correct forms of the verbs in parentheses.

(leer)

1. —¿Qué ______________________, Ana?
2. —______________________ un libro de historia.

(vivir)

3. —¿Dónde ______________________ Uds.?
4. —Nosotros ______________________ en Nueva York. ¿Y tú?

(comer)

5. —¿Qué ______________________ Uds.?
6. —Yo ______________________ un sándwich y Eduardo ______________________ pizza.

(deber)

7. —Profesora, ¿______________________ abrir nuestros libros ahora?
8. —Sí, Uds. ______________________ abrir los libros en la página (*page*) 87.

(escribir)

9. —¿______________________ una carta, Melinda?
10. —Sí, ______________________ una carta para (*for*) mis padres.

2 **Frases** Write complete sentences using the correct forms of the verbs in parentheses.

1. (Nosotros) (Escribir) muchas composiciones en la clase de inglés.

____

2. Esteban y Luisa (aprender) a bailar el tango.

____

3. ¿Quién no (comprender) la lección de hoy?

____

4. (Tú) (Deber) comprar un mapa de Quito.

____

5. Ellos no (recibir) muchas cartas (*letters*) de sus padres.

____

6. (Yo) (Buscar) unas fotos de mis primos.

____

3 **¿Qué verbo es?** Choose the most logical verb to complete each sentence, using the correct form.

1. Tú ______________________ en el parque (*park*), ¿no? (abrir, correr, decidir)
2. Yo ______________________ a conciertos de Gloria Estefan. (asistir, compartir, leer)
3. ¿______________________ a leer tu sobrino? (aprender, creer, deber)
4. Yo no ______________________ la tarea de física. (beber, vivir, comprender)
5. Los estudiantes ______________________ hamburguesas en la cafetería. (escribir, beber, comer)
6. Mi esposo y yo ______________________ el *Miami Herald*. (decidir, leer, deber)

Nombre ____________________ Fecha ____________________

4 **Tú y ellos** Rewrite each sentence using the subject in parentheses. Change the verb form and possessive adjectives as needed.

modelo
No asistimos a clase los domingos. (yo)
No asisto a clase los domingos.

1. Rubén cree que la lección 3 es fácil. (ellos)

 ____

2. Mis hermanos comen hamburguesas en la cafetería. (la gente)

 ____

3. Aprendemos a hablar, leer y escribir en la clase de español. (yo)

 ____

4. Sandra escribe en su diario todos los días (*every day*). (tú)

 ____

5. Comparto mis problemas con mis padres. (Víctor)

 ____

6. Vives en una residencia interesante y bonita. (nosotras)

 ____

5 **Descripciones** Look at the drawings and use these verbs to describe what the people are doing.

abrir **aprender** **comer** **leer**

1. Nosotros ____________________

2. Yo ____________________

3. Mirta ____________________

4. Los estudiantes ____________________

Nombre ______________________ Fecha ______________________

3.4 Present tense of tener and venir

1 **Completar** Complete these sentences with the correct forms of **tener** and **venir**.

1. ¿A qué hora ________________ Uds. al estadio?
2. ¿________________ tú a la universidad en autobús?
3. Nosotros ________________ una prueba en la clase de psicología mañana.
4. ¿Por qué no ________________ Juan a la clase de historia?
5. Yo ________________ dos hermanos y mi prima ________________ tres.
6. ¿________________ Uds. fotos de sus parientes?
7. Mis padres ________________ unos amigos japoneses.
8. Inés ________________ con su esposo y yo ________________ con Ernesto.
9. Marta y yo no ________________ al laboratorio los sábados.
10. ¿Cuántos nietos ________________ tú?
11. Yo ________________ una clase de contabilidad a las once de la mañana.
12. Mis amigos ________________ a comer a la cafetería hoy.

2 **¿Qué tienen?** Rewrite each sentence, using the logical expression with **tener**.

1. Los estudiantes (tienen hambre a, tienen miedo de) tomar el examen de química.

   ____

2. Las turistas (tienen sueño, tienen prisa) por llegar al autobús.

   ____

3. Mi madre (tiene cincuenta años, tiene razón) siempre (*always*).

   ____

4. Vienes a la cafetería cuando (*when*) (tienes hambre, tienes frío).

   ____

5. (Tengo razón, Tengo frío) en la biblioteca porque abren las ventanas.

   ____

6. Rosaura y María (tienen calor, tienen ganas) de mirar la televisión.

   ____

7. Nosotras (tenemos cuidado, no tenemos razón) con el sol (*sun*).

   ____

8. David toma mucho agua cuando (*when*) (tiene miedo, tiene sed).

   ____

Workbook

3 **Expresiones con tener** Complete each sentence with the correct expression.

tener cuidado	**tener mucha suerte**	**tener razón**
tener ganas	**tener que**	**tener miedo**

1. Mis sobrinos ______ del perro (*dog*) de mis abuelos.
2. Necesitas ______ con la computadora portátil (*laptop*).
3. Yo ______ practicar el vocabulario de la clase de español.
4. Lola y yo ______ de escuchar música latina.
5. Anita cree que (*that*) dos más dos son cinco. Ella no ______.
6. Ganas (*You win*) cien dólares en la lotería. Tú ______.

4 **Síntesis** Choose an interesting relative of yours and write a description of that person. Answer these questions in your description.

1. ¿Quién es?
2. ¿Cómo es?
3. ¿De dónde viene?
4. ¿Cuántos hermanos/primos/hijos tiene?
5. ¿Cómo es su familia?
6. ¿Dónde vive?
7. ¿Cuántos años tiene?

Nombre ______________________ Fecha ______________________

PREPARACIÓN

Lección 4

1 **Los deportes** Name the sport associated with each object.

1. ______________________

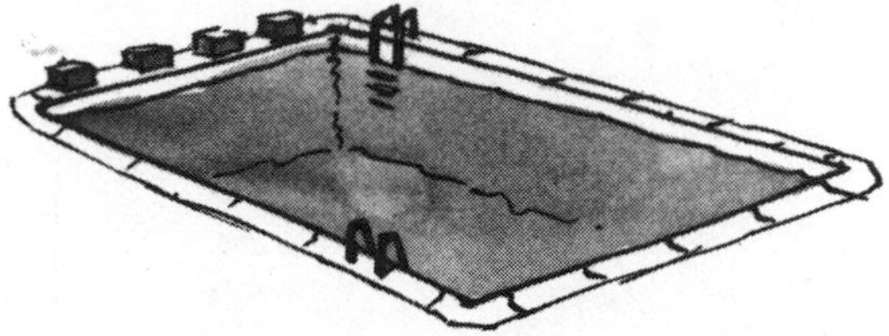

2. ______________________

3. ______________________

4. ______________________

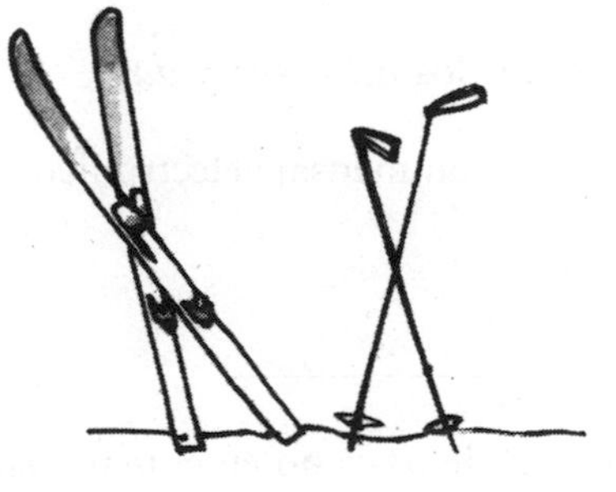

5. ______________________

6. ______________________

2 **Una es diferente** Write the word that does not belong in each group.

1. pasatiempo, diversión, ratos libres, trabajar ______________________
2. patinar, descansar, esquiar, nadar, bucear ______________________
3. baloncesto, películas, fútbol, tenis, voleibol ______________________
4. museo, equipo, jugador, partido, aficionados ______________________
5. correo electrónico, revista, periódico, tenis ______________________
6. cine, aficionado/a, gimnasio, piscina, restaurante ______________________

Workbook

3 **¿Qué son?** Write each of these words in the appropriate column in the chart.

aficionado/a	excursionista	montañas
restaurante	fútbol	gimnasio
jugador(a)	béisbol	baloncesto

Deportes	Lugares	Personas

4 **Completar** Complete these sentences with a word or expression presented in the **Preparación** section of your textbook. If the answer is a verb, be sure to provide the correct present-tense form.

1. Pablo ______________________ montañas en los Andes.
2. Tiger Woods es un gran ______________________ de golf.
3. Hay nueve jugadores en un ______________________ de béisbol.
4. María ______________________ los deportes todos los días (*every day*).
5. Mi compañera de cuarto ______________________ un mensaje electrónico a su madre.
6. Me gusta el ______________________ acuático.
7. El sábado y el domingo son los días del ______________________.
8. Juan y Carla ______________________ con tanques (*tanks*) de oxígeno en el mar (*sea*) Caribe.
9. Yo ______________________ mi revista favorita cada (*each*) mes.
10. Mi familia y yo ______________________ el monumento a Lincoln.

GRAMÁTICA

4.1 The present tense of ir

1 **Vamos a la universidad** Complete the paragraph with the correct forms of **ir.**

Alina, Cristina y yo somos buenas amigas. (Nosotras) ______(1)______ a la universidad a las ocho de la mañana todos los días (*every day*). Ellas y yo ______(2)______ al centro de computación y leemos el correo electrónico. A las nueve Alina y Cristina ______(3)______ a su clase de psicología y yo ______(4)______ a mi clase de historia. A las diez y media yo ______(5)______ a la biblioteca a estudiar. A las doce (yo) ______(6)______ a la cafetería y como con ellas. Luego (*Afterwards*), Alina y yo ______(7)______ a practicar deportes. Yo ______(8)______ a practicar el fútbol y Alina ______(9)______ a la piscina. Cristina ______(10)______ a trabajar en la librería. Los fines de semana Alina, Cristina y yo ______(11)______ a ver películas y pasamos tiempo con nuestras familias y amigos.

2 **Sujetos diferentes** Change the subject of these sentences as indicated. Then rewrite the sentences, changing the forms of **ir** as needed.

1. Mis padres y yo vamos a casa de mis abuelos los fines de semana. (Mi primo)

____

2. Uds. van a la librería a comprar unos cuadernos. (Los estudiantes)

____

3. Voy a la residencia estudiantil a buscar la mochila. (Tú)

____

4. Susana va al estadio a practicar hockey. (Yo)

____

5. Vas al museo de ciencias en autobús. (Nosotras)

____

6. El papá de Javier va mucho al cine. (Mario y tú)

____

3 **Preguntas** Answer these questions in complete sentences using the words in parentheses.

1. ¿Adónde va Ana hoy? (al laboratorio)
2. ¿Cuándo van a bailar tus amigos? (mañana)
3. ¿A qué hora vas a la clase de música? (a las 10:45)
4. ¿Cuándo va a viajar José a Boston? (en septiembre)
5. ¿Dónde vas a leer el correo electrónico? (en la residencia estudiantil)
6. ¿Dónde va a nadar el novio de Silvia? (en la piscina)
7. ¿Adónde va el autobús número diez? (al parque municipal)
8. ¿Dónde vas a trabajar los sábados? (en la biblioteca)

4 **¡Vamos!** Rewrite these sentences using **ir a** + *infinitive* to say what activities these people are going to do tomorrow.

1. La familia García va al parque.
2. Los jugadores ganan el partido.
3. Los excursionistas escalan montañas.
4. Gisela lee su correo electrónico.
5. Tú decides ir al laboratorio de química.
6. Mis compañeros de clase y yo visitamos la biblioteca del Congreso en Washington, D.C.
7. El profesor de historia prepara un examen difícil.
8. Escribo postales a mi novio/a.

Nombre ____________________ Fecha ____________________

Workbook

4.2 Stem-changing verbs: e→ie, o→ue

1 **Los verbos** Complete these sentences with the correct forms of the verbs in parentheses.

1. (pensar) Mi abuelo ____________________ que la educación es muy importante.
2. (perder) El equipo de béisbol de mi residencia no ____________________ nunca (*never*).
3. (volver) Marcelo ____________________ a la universidad el lunes.
4. (empezar) ¿A qué hora ____________________ los partidos?
5. (dormir) (Nosotros) ____________________ en la montaña cuando vamos de excursión.
6. (cerrar) Mis padres ____________________ las ventanas porque tienen frío.
7. (mostrar) El ilustrador ____________________ sus dibujos en la galería.
8. (recordar)(Yo) ____________________ el primer (*first*) día de clases en la universidad.
9. (querer) ¿____________________ (tú) ir a visitar los monumentos con nosotros?
10. (encontrar) (Yo) No ____________________ mis notas para el examen de mañana.

2 **Oraciones** Write complete sentences using the cues provided.

1. Vicente y Francisco / jugar / al voleibol los domingos

____

2. Adela y yo / empezar / a tomar clases de tenis

____

3. Uds. / volver / de Cancún el viernes

____

4. Los jugadores de béisbol / recordar / el importante partido

____

5. La profesora / querer / leer el periódico

____

6. El excursionista / preferir / escalar la montaña de noche

____

7. (Yo) / dormir / ocho horas al día

____

8. Miguel / poder / salir / a las seis

____

9. Silvina y Carlos / no encontrar / el museo

____

10. (Tú) / cerrar / los libros y te vas a dormir

____

Nombre ______________________ Fecha ______________________

3 **No, no quiero** Answer these questions negatively, using complete sentences.

modelo

¿Puedes ir a la biblioteca a las once?
No, no puedo ir a la biblioteca a las once.

1. ¿Quieren Uds. patinar en línea con nosotros?

2. ¿Empiezan ellas a practicar deportes mañana?

3. ¿Prefieres jugar al fútbol a nadar en la piscina?

4. ¿Duermen tus sobrinos en casa de tu abuela?

5. ¿Juegan Uds. al baloncesto en la universidad?

6. ¿Piensas que la clase de química orgánica es difícil?

7. ¿Encuentras el programa de computadoras en la librería?

8. ¿Vuelven Uds. a casa los fines de semana?

9. ¿Puedo tomar el autobús a las once de la noche?

10. ¿Entendemos la tarea de psicología?

4 **Correo electrónico** Complete this e-mail message with the correct form of the logical verb. Use each verb once.

volver
preferir
empezar
jugar
entender
poder
dormir
querer
pensar
comprar

Para Daniel Moncada | De Paco | Asunto Saludo

Daniel:

¿Qué tal? Estoy con Mario en el centro de computación de la universidad. Los exámenes ________ (1) mañana. Mario y yo no ________ (2) mucho porque tenemos que estudiar mucho. Tú ________ (3) cómo estamos, ¿no? Yo ________ (4) que los exámenes serán (*will be*) muy difíciles. Tengo muchas ganas de volver al pueblo. Cuando ________ (5) al pueblo puedo descansar. Yo ________ (6) el pueblo a la ciudad. ________ (7) volver pronto. Si (*If*) Mario y yo ________ (8) pasajes (*tickets*) de autobús el viernes, ________ (9) pasar el fin de semana contigo y con mi familia. En casa (*At home*) mis hermanos y yo ________ (10) al fútbol en nuestro tiempo libre.

Nos vemos,
Raúl

Nombre ______________________ Fecha ______________________

4.3 Stem-changing verbs: e→i

1 **Completar** Complete these sentences using the correct form of the verb provided.

1. Al entrar al cine, mis hermanos ______________ (pedir) una soda.
2. Mis hermanos dicen que ______________ (preferir) las películas de acción.
3. Nosotros ______________ (decidir) ver la película de las seis y media.
4. Mis hermanos y yo ______________ (conseguir) entradas *(tickets)* para estudiantes.
5. Yo ______________ (repetir) el diálogo para mis hermanos.
6. Mis hermanos son pequeños y no ______________ (seguir) bien la película.

2 **Conversaciones** Complete these conversations with the correct form of the verbs in parentheses.

(pedir)

1. —¿Qué ______________ para comer, José?
2. —______________ pollo con ensalada.

(conseguir)

3. —¿Dónde ______________ ustedes entradas *(tickets)* para estudiantes?
4. —Nosotros las ______________ en la oficina de la escuela.

(repetir)

5. —¿Quién ______________ el poema que voy a leer?
6. —Yo ______________ el poema, profesora.

(seguir)

7. —¿Cuál equipo ______________ Manuel y Pedro?
8. —Pedro ______________ a los Red Sox y Manuel ______________ a los Yankees de Nueva York.

3 **Preguntas** Answer the questions using complete sentences.

1. ¿Te sientes feliz cuando consigues buenas calificaciones *(grades)* en la escuela?

   ____

2. ¿Repites muchas veces una oración para aprenderla de memoria?

   ____

3. ¿Escribes mensajes electrónicos a tus compañeros de clase?

   ____

4. ¿Puedes seguir a tu profesora cuando ella da una explicación?

   ____

5. ¿Decides ir a jugar si tienes que estudiar?

   ____

6. Si tienes que salir durante la hora de clase, ¿pides autorización a tu profesora?

   ____

Nombre ____________________ Fecha ____________________

4 **Las películas** Read the paragraph. Then answer the questions using complete sentences.

Gastón y Lucía leen el periódico y deciden ir al cine. Un crítico dice que *El café en el centro* es buena. Ellos siguen la recomendación. Quieren conseguir entradas *(tickets)* para estudiantes, que son más baratas. Para conseguir entradas para estudiantes, deben ir a la oficina de la escuela antes de las seis de la tarde. La oficina cierra a las seis. Ellos corren para llegar a tiempo. Cuando llegan, la oficina está cerrada y la secretaria está afuera *(outside)*. Ellos le piden un favor a la secretaria. Explican que no tienen mucho dinero y necesitan las entradas para estudiantes. La secretaria sonríe y dice: "Está bien, pero es la última vez *(last time)*".

1. ¿Qué deciden hacer Gastón y Lucía?

   ____

2. ¿Siguen la recomendación de quién?

   ____

3. ¿Por qué Gastón y Lucía quieren conseguir entradas para estudiantes?

   ____

4. ¿Cómo y cuándo pueden conseguir entradas para estudiantes?

   ____

5. ¿Qué ocurre cuando llegan a la oficina de la escuela?

   ____

   ____

6. ¿Qué le piden a la secretaria? ¿Crees que les vende las entradas?

   ____

   ____

5 **Síntesis** Interview a classmate about his or her pastimes, weekend activities, and favorite sports. Use these questions as a guideline, and prepare several more before the interview. Then, write it up in a question-and answer format, using your subject's exact words.

- ¿Cuáles son tus pasatiempos? ¿Dónde los practicas?
- ¿Cuál es tu deporte favorito? ¿Practicas ese deporte? ¿Eres un/a gran aficionado/a? ¿Tu equipo favorito pierde muchas veces? ¿Quién es tu jugador/a favorito/a?
- ¿Adónde vas los fines de semana? ¿Qué piensas hacer este viernes?
- ¿Duermes mucho durante los fines de semana? ¿Vuelves a casa muy tarde?

____

____

____

____

____

____

Nombre ______________________ Fecha ______________________

4.4 Verbs with irregular yo forms

1 **Hago muchas cosas** Complete each sentence by choosing the best verb and writing its correct form.

1. (Yo) ______________ un disco de música latina. (oír, suponer, salir)
2. (Yo) ______________ la hamburguesa y la soda sobre la mesa. (poner, oír, suponer)
3. (Yo) ______________ la tarea porque hay un examen mañana. (salir, hacer, suponer)
4. (Yo) ______________ a mi sobrina a mi clase de baile. (traer, salir, hacer)
5. (Yo) ______________ una película sobre un gran equipo de béisbol. (salir, suponer, ver)
6. (Yo) ______________ a bailar los jueves por la noche. (ver, salir, traer)
7. (Yo) ______________ que la película es buena, pero no estoy seguro (*sure*). (hacer, poner, suponer)
8. (Yo) ______________ mi computadora portátil a clase en la mochila. (traer, salir, hacer)

2 **Completar** Complete these sentences with the correct verb. Use each verb in the correct form once.

ver	suponer	traer	poner
hacer	salir	oír	

1. ______________ para la clase a las dos.
2. Los fines de semana ______________ mi computadora a casa.
3. Yo ______________ que tu novio es muy simpático, ¿no?
4. Por las mañanas ______________ la radio y escucho un programa.
5. Cuando tengo hambre, ______________ un sándwich.
6. ______________ y ______________ a mi compañero de cuarto todos los días.

3 **Preguntas** Answer these questions affirmatively, using complete sentences.

modelo

¿Ves a tu familia los fines de semana?

Sí, veo a mi familia los fines de semana.

1. ¿Sales mucho a bailar con tus amigas?

____

2. ¿Ves a los jugadores de béisbol practicar para el partido?

____

3. ¿Haces la tarea en el centro de computación?

____

4. ¿Pones la computadora portátil (*portable*) sobre el escritorio en clase?

____

5. ¿Oyes música clásica con tu compañera de cuarto?

____

Nombre ______________________ Fecha ______________________

4 **Oraciones** Rewrite each sentence using **yo** as the subject and the correct verb form.

modelo

Alma y yo siempre traemos el libro a clase.
Siempre traigo el libro a clase.

1. La excursionista sale a las seis de la mañana.
____
2. Manuel trae la bicicleta a la universidad.
____
3. Viviana hace un plato (*dish*) mexicano delicioso.
____
4. Antonio supone que María tiene razón.
____
5. Ángel pone las revistas sobre la mesa.
____
6. Mi padre ve muchas películas.
____
7. Mariana oye a las chicas que tocan (*play*) la guitarra.
____
8. Los estudiantes ponen las mochilas debajo de la mesa.
____

5 **La descripción** Read this description of Marisol. Then imagine that you are Marisol, and write a description of yourself based on the information you read. The first sentence has been done for you.

Marisol es estudiante de biología en la universidad. Hace sus tareas todas (*every*) las tardes y sale por las noches a bailar o a comer en un restaurante cerca de la universidad. Los fines de semana, Marisol va a su casa a descansar, pero (*but*) trae sus libros. En los ratos libres, oye música o ve una película en el cine. Si hay un partido de fútbol, Marisol pone la televisión y ve los partidos con su papá. Hace algo (*something*) de comer y pone la mesa (*sets the table*).

Soy estudiante de biología en la universidad. ______________________

Nombre ______________________ Fecha ______________________

Workbook

AVENTURAS EN LOS PAÍSES HISPANOS

México

1 **Completar** Complete the following sentences using the correct words.

1. El 5 de mayo de 1862, México luchó (*fought*) contra ______________ en la Batalla de Puebla.
2. La victoria de México se celebra con fiestas y desfiles en ______________ .
3. Diego Rivera y Frida Kahlo son los ______________ mexicanos más famosos.
4. Los dos se interesaron en ______________ de los indios y campesinos de ______________ .
5. La cultura maya habitó ______________ , ______________ y ______________ .
6. Los Mayas crearon templos religiosos en forma de ______________ .
7. ______________ de la comida mexicana es la tortilla.
8. Los tacos y las enchiladas son tan populares en ______________ como en ______________ .

2 **¿Qué hacen?** Write complete sentences using the cues below.

1. La moneda mexicana / ser / ¿? ______________
2. Los Mayas / crear / ¿? ______________
3. En el Museo de Arte Moderno de la Ciudad de México/ tú / poder / ¿?
   ____
4. En Acapulco miles de turistas / visitar / ¿? ______________
5. Los mexicanos / celebrar / ¿? ______________
6. La capital de México/ tener una población mayor que la de / ¿?
   ____

3 **Palabras** Using the clues, rearrange the letters to spell words from **Aventuras en los países hispanos.**

1. AL EUQDABAR ______________
   Lugar de Acapulco donde saltan los saltadores.
2. EMACONIX ______________
   Un hombre nacido en México.
3. DACUDI ZÁUJER ______________
   Ciudad que está en la frontera entre México y los Estados Unidos.
4. MÁPEDIRI ______________
   Forma de los templos religiosos mayas.
5. LAHCESNIAD ______________
   Comida mexicana hecha con tortillas.
6. ALETAGAUM ______________
   País que tiene frontera con México.

Workbook

4 **Las fotos** Identify each photo.

1. ______

3. ______

2. ______

4. ______

5 **Preguntas** Answer the following questions in complete sentences.

1. ¿Cuáles son las cinco ciudades principales de México?

______

2. ¿Qué países están en la frontera *(border)* con México?

______

3. ¿Cuál es un río importante de México?

______

4. ¿Cuáles son las dos sierras importantes de México?

______

5. ¿Qué ciudad mexicana importante está en la frontera con los Estados Unidos?

______

6. ¿En qué se interesaron Frida Kahlo y Diego Rivera?

______

7. ¿En qué ciudad de México fue *(was)* la batalla contra Francia?

______

8. ¿Cuál es la población de esa ciudad?

______

Nombre ______________________ Fecha ______________________

REPASO

Lecciones 1–4

Workbook

1 **¿Ser o estar?** Complete each sentence with the correct form of **ser** or **estar**.

1. Los abuelos de Maricarmen ______________________ de España.
2. La cafetería de la universidad ______________________ cerca del estadio.
3. Gerónimo y Daniel ______________________ estudiantes de sociología.
4. —Hola, Gabriel. ______________________ María. ¿Cómo ______________________?
5. El cuaderno de español ______________________ debajo del libro de química.
6. Victoria no viene a clase hoy porque ______________________ enferma.

2 **¿Quiénes son?** Read the clues and complete the chart.

1. La persona de Estados Unidos tiene treinta y dos años.
2. David es del Canadá.
3. La programadora no es la persona del Ecuador.
4. El conductor tiene cuarenta y cinco años.
5. Gloria es artista.
6. La médica tiene cincuenta y un años.
7. La persona de España tiene ocho años menos que el conductor.
8. Ana es programadora.

Nombre	Profesión	Edad (*Age*)	Nacionalidad
Raúl	estudiante	diecinueve	mexicano
Carmen			
			estadounidense
David			
	programadora		

3 **Oraciones** Form complete sentences using the words provided. Write out the words for numbers.

1. Juan Carlos y Beto / jugar / fútbol

____

2. estudiante / llegar / grande / biblioteca / 5:30 p.m.

____

3. hay / 15 / cuadernos / sobre / escritorio

____

4. Yo / aprender / español / escuela

____

5. conductora / autobús / no / ser / antipático

____

6. nosotros / repetir / vocabulario

____

Workbook

4 **Diálogos** Complete these sentences with the correct form of the verb provided.

1. **ALICIA** ¿Qué ____________________ este fin de semana? (hacer)
2. **PACO** No ____________________ planes. ¿Y tú? (tener)
3. **ALICIA** El sábado ____________________ al cine con David. (ir)
4. **ALICIA** ¿A qué hora ____________________ la película? (empezar)
5. **DAVID** ____________________ que empieza a las nueve. (Suponer)
6. **ALICIA** ¿____________________ ir al restaurante *El Dorado* a las siete? (Querer)

5 **Conversaciones** Complete the conversation with the appropriate questions.

1. ____

   Vivo en la residencia estudiantil.
2. ____

   Tomo cinco clases.
3. ____

   Estudio periodismo.
4. ____

   Mi profesor favorito es el Sr. Zamora.

6 **Tu familia** Imagine that these people are your relatives. Choose one and write several sentences about that person. First, say where the person is located in the photo. Include this information: name, relationship to you, profession, age, and place of origin. Describe the person and his or her weekend activities using the adjectives and verbs you have learned.

____

____

____

____

____

____

PREPARACIÓN

Lección 5

1 **Viajes** Complete these sentences with the logical words.

1. Una persona que tiene una habitación en un hotel es ______________________.
2. El lugar donde los pasajeros esperan al tren es ______________________.
3. Para viajar en avión, tienes que ir ______________________.
4. Antes de entrar (*enter*) en el avión, tienes que mostrar ______________________.
5. La persona que lleva el equipaje a la habitación del hotel es ______________________.
6. Para planear (*plan*) tus vacaciones, puedes ir a ______________________.
7. Cuando entras a un país diferente, tienes que pasar por ______________________.
8. Para abrir la puerta de la habitación, necesitas ______________________.
9. Hay habitaciones baratas (*cheap*) en ______________________.
10. Cuando una persona entra en un país, tiene que mostrar ______________________.

2 **¿Qué es?** Label each item on the corresponding blank.

Nombre ______________________ Fecha ______________________

Workbook

3 **Los meses** Write the appropriate month next to each description or event.

1. el Día de San Valentín ______________________
2. el tercer mes del año ______________________
3. Hannukah ______________________
4. el Día de las Madres ______________________
5. el séptimo mes del año ______________________
6. el Día de Año Nuevo (*New*) ______________________

4 **¿Qué tiempo hace?** Write the appropriate weather expression(s) for each situation.

1. Natalia y Francisco van a esquiar.

____

2. No puedo salir a tomar el sol.

____

3. Mis primos van a practicar el *windsurf*.

____

4. Ellas no pueden ver nada afuera (*outside*).

____

5. Uds. practican el esquí acuático.

____

6. La abuela de Miguel pone el ventilador (*fan*).

____

7. Necesitamos hacer una hoguera (*bonfire*) en la montaña.

____

8. Tengo que comprar un paraguas (*umbrella*).

____

9. Jaime cierra todas las ventanas de la casa.

____

10. Tienen que cancelar el partido de béisbol.

____

5 **De vacaciones** Complete this conversation with the logical words.

playa	hotel	equipaje	llegada
aeropuerto	hacer turismo	confirmar	pasajes
sacar fotos	taxi	pasaportes	agente de viajes

ANTONIO ¿Llevas todo (*everything*) lo que vamos a necesitar para el viaje, Ana?

ANA Sí. Llevo los ______ (1) para subir (*get on*) al avión. También llevo los ______ (2) para entrar (*enter*) en Ecuador.

ANTONIO Y yo tengo el ______ (3) con todas (*all*) nuestras cosas.

ANA ¿Tienes la cámara para ______ (4)?

ANTONIO Sí, está en mi mochila.

ANA ¿Vamos al ______ (5) en metro?

ANTONIO No, vamos a llamar a un ______ (6). Nos lleva directamente al aeropuerto.

ANA Voy a llamar al aeropuerto para ______ (7) la reservación.

ANTONIO La ______ (8) dice (*says*) que está confirmada ya (*already*).

ANA Muy bien. Tengo muchas ganas de ______ (9) en Quito.

ANTONIO Yo también quiero ir a la ______ (10) y nadar en el mar.

ANA ¿Cuál es la hora de ______ (11) al aeropuerto de Quito?

ANTONIO Llegamos a las tres de la tarde y vamos directamente al ______ (12).

Nombre ______________________ Fecha ______________________

Workbook

GRAMÁTICA

5.1 Estar with conditions and emotions

1 **¿Por qué?** Choose the best phrase to complete each sentence and write it in the blank.

1. José Miguel está cansado porque ______________________.
   a. trabaja mucho
   b. su familia lo quiere
   c. quiere ir al cine
2. Los viajeros están preocupados porque ______________________.
   a. es la hora de comer
   b. va a venir un huracán (*hurricane*)
   c. estudian matemáticas
3. Maribel y Claudia están tristes porque ______________________.
   a. nieva mucho y no pueden salir
   b. van a salir a bailar
   c. sus amigos son simpáticos
4. Los estudiantes están equivocados porque ______________________.
   a. estudian mucho
   b. pasean en bicicleta
   c. no saben (*know*) la respuesta
5. Laura está enamorada porque ______________________.
   a. tiene que ir a la biblioteca
   b. su novio es simpático, inteligente y guapo
   c. sus amigas ven una película
6. Mis abuelos están felices porque ______________________.
   a. vamos a pasar el verano con ellos
   b. mucha gente toma el sol
   c. el autobús no llega

2 **Completar** Complete these sentences with the correct form of **estar** + condition or emotion.

1. No tenemos nada que hacer; ____________ muy ____________.
2. Humberto ____________ muy ____________ en su gran cama nueva (*new*).
3. Los estudiantes de filosofía nunca (*never*) ____________ ____________; siempre tienen razón.
4. Cuando Estela llega a casa a las tres de la mañana, ____________ muy ____________.
5. La habitación ____________ ____________ porque no tengo tiempo (*time*) de organizar los libros y papeles.
6. Son las once de la noche; no puedo ir a la biblioteca ahora porque ____________ ____________.
7. El auto de mi tío ____________ muy ____________ por la nieve y el lodo (*mud*) que hay esta semana.
8. Mi papá canta en la casa cuando ____________ ____________.
9. Alberto ____________ ____________ porque sus amigos están muy lejos.
10. Las ventanas ____________ ____________ para que entre el fresco.

Workbook

3 **Marta y Juan** Complete this letter using **estar** + the correct forms of the following emotions and conditions. Use each term once.

triste	aburrido	desordenado	cómodo
ocupado	nervioso	abierto	feliz
enamorado	seguro	contento	cansado

Querida Marta:

¿Cómo estás? Yo ____(1)____ porque mañana vuelvo a Puerto Rico y por fin te voy a ver. Sé (I know) que tú ____(2)____ porque tenemos que estar separados durante el semestre, pero ____(3)____ de que (that) te van a aceptar en la universidad y que vas a venir en septiembre. La habitación en la residencia estudiantil no es grande, pero mi compañero de cuarto y yo ____(4)____ aquí. Las ventanas son grandes y ____(5)____ siempre (always) porque el tiempo es muy bueno en California. El cuarto no ____(6)____ porque mi compañero de cuarto es muy ordenado. En la semana mis amigos y yo ____(7)____ porque trabajamos y estudiamos muchas horas al día. Cuando llego a la residencia estudiantil por la noche, ____(8)____ y me voy a dormir. Los fines de semana no ____(9)____ porque hay muchas cosas que hacer en San Diego. Ahora ____(10)____ porque mañana tengo que llegar al aeropuerto a las cinco de la mañana y está lejos de la universidad. Pero tengo ganas de estar contigo (with you) porque ____(11)____ de ti (you) y ____(12)____ porque te voy a ver mañana.

Te quiero mucho,

Juan

4 **¿Cómo están?** Read each sentence, then write a new one for each, using **estar** + an emotion or condition to tell how these people are doing or feeling.

modelo

Pepe tiene que trabajar muchas horas.

Pepe está ocupado.

1. Vicente y Mónica tienen sueño. ____________
2. No tenemos razón. ____________
3. El pasajero tiene miedo. ____________
4. Paloma se quiere casar con (*marry*) su novio. ____________
5. Los abuelos de Irene van de vacaciones a Puerto Rico. ____________
6. No sé (*I don't know*) si el examen va a ser fácil o difícil. ____________

Nombre ______________________ Fecha ______________________

Workbook

5.2 The present progressive

1 **Completar** Complete these sentences with the correct form of **estar** + the present participle of the verbs in parentheses.

1. (buscar) Ana ______________ un apartamento en el centro de la ciudad.
2. (comer) Vamos a ver a mis primos que ______________ en el café de la esquina.
3. (empezar) (Yo) ______________ a entender muy bien el español.
4. (vivir) Miguel y Elena ______________ en un apartamento en la playa.
5. (trabajar) El amigo de Antonio ______________ en la oficina hoy.
6. (jugar) (Tú) ______________ al Monopolio con tu sobrina y su amiga.
7. (tener) Las familias ______________ muchos problemas con los hijos adolescentes.
8. (abrir) El inspector de aduanas ______________ las maletas de Ramón.
9. (pensar) (Nosotros) ______________ en ir de vacaciones a Costa Rica.
10. (estudiar) Mi compañera de cuarto ______________ en la biblioteca esta tarde.

2 **Están haciendo muchas cosas** Look at the illustration and label what each person is doing. Use the present progressive.

1. El Sr. Rodríguez ______________.
2. Pepe y Martita ______________.
3. Paquito ______________.
4. Kim ______________.
5. Tus abuelos ______________.
6. (Yo) ______________.
7. La madre de David ______________.
8. (Tú) ______________.

Workbook

5.3 Comparing ser and estar

1 **Usos de ser y estar** Complete these sentences with **ser** and **estar.** Then write the letter for the use of the verb in the blank at the end of the sentence.

Uses of ser	**Uses of estar**
a. Nationality and place of origin	i. Location or spatial relationships
b. Profession or occupation	j. Health
c. Characteristics of people and things	k. Physical states or conditions
d. Generalizations	l. Emotional states
e. Possession	m. Certain weather expressions
f. What something is made of	n. Ongoing actions (progressive tenses)
g. Time and date	
h. Where an event takes place	

1. El concierto de jazz ____________ a las ocho de la noche. ______
2. Inés y Pancho ____________ preocupados porque el examen va a ser difícil. ______
3. La playa ____________ sucia porque hay demasiados (*too many*) turistas. ______
4. No puedo salir a tomar el sol porque ____________ nublado. ______
5. En el verano, Tito ____________ empleado del hotel Brisas de Loíza. ______
6. Rita no puede venir al trabajo hoy porque ____________ enferma. ______
7. La motocicleta que ves frente a la residencia ____________ de David. ______
8. (Yo) ____________ estudiando en la biblioteca porque tengo un examen mañana. ______
9. La piscina del hotel ____________ grande y bonita. ______
10. ____________ importante estudiar, pero también tienes que descansar. ______

2 **¿Ser o estar?** In each of the following pairs, complete one sentence with the correct form of **ser** and the other with the correct form of **estar.**

1. Irene todavía no ____________ lista para salir.

   Ricardo ____________ el chico más listo de la clase.

2. Tomás no es un buen amigo porque ____________ muy aburrido.

   Quiero ir al cine porque ____________ muy aburrida.

3. Mi mamá está en cama (*in bed*) porque ____________ mala del estómago (*stomach*).

   El restaurante que está cerca del laboratorio ____________ muy malo.

4. La mochila de Javier ____________ verde (*green*).

   Me gustan las bananas cuando ____________ verdes.

5. Elena ____________ más rubia por tomar el sol.

   La hija de mi profesor ____________ rubia.

6. Gabriela ____________ muy delgada porque está enferma.

   Mi hermano ____________ muy delgado.

Nombre ______________________ Fecha ______________________

Workbook

3 **Escribir** Write sentences using these cues and either **ser** or **estar** as appropriate.

1. el escritorio / limpio y ordenado

____

2. el restaurante japonés / excelente

____

3 la puerta del auto / abierta

____

4. Marc y Delphine / franceses

____

5. (Yo) / cansada de trabajar

____

6. Paula y yo / buscando un apartamento

____

7. la novia de Guillermo / muy simpática

____

8. la empleada del hotel / ocupada

____

9. Uds. / en la ciudad de San Juan

____

10. (Tú) / José Javier Fernández

____

4 **La familia Piñero** Complete this paragraph with the correct forms of **ser** and **estar.**

Los Piñero ______ (1) de Nueva York pero ______ (2) de vacaciones en Puerto Rico. ______ (3) en un hotel grande en el pueblo de Dorado. Los padres ______ (4) Elena y Manuel y ahora ______ (5) comiendo en el restaurante del hotel. Los hijos ______ (6) Cristina y Luis y ______ (7) nadando en la piscina cubierta (*indoor*). Ahora mismo ______ (8) lloviendo pero el sol va a salir muy pronto (*soon*). Hoy ______ (9) lunes y la familia ______ (10) muy contenta de poder descansar. El Sr. Piñero ______ (11) profesor y la Sra. Piñero ______ (12) médica. Los Piñero dicen (*say*): «¡Cuando no ______ (13) de vacaciones, ______ (14) siempre muy ocupados!»

Nombre ______________________ Fecha ______________________

Workbook

5.4 Direct object nouns and pronouns

1 **Oraciones** Complete these sentences with the correct direct object pronouns.

1. ¿Trae Daniel su pasaporte? No, Daniel no __________ trae.
2. ¿Confirma la reservación el agente de viajes? Sí, el agente de viajes __________ confirma.
3. ¿Hacen las maletas Adela y Juan José? Sí, Adela y Juan José __________ hacen.
4. ¿Buscas el pasaje en tu mochila? Sí, __________ busco en mi mochila.
5. ¿Compra Manuela una casa nueva (*new*)? Manuela __________ compra.
6. ¿Necesita lápices especiales el estudiante? No, el estudiante no __________ necesita.
7. ¿Cierran las puertas cuando empieza el examen? Sí, ________ cierran cuando empieza el examen.
8. ¿Ves mi computadora nueva? Sí, __________ veo.
9. ¿Escuchan el programa de radio David y Sonia? Sí, David y Sonia __________ escuchan.
10. ¿Oyen Uds. a los niños en el patio? No, no __________ oímos.

2 **Quiero verlo** Rewrite each of these sentences in two different ways, using direct object pronouns.

modelo

Quiero ver la película esta tarde.
La quiero ver esta tarde./Quiero verla esta tarde.

1. Preferimos reservar una habitación doble.

____

____

2. Ana y Alberto pueden pedir las llaves de la pensión.

____

____

3. Rosario tiene que conseguir un pasaje de ida y vuelta a Miami.

____

____

4. Vas a perder el tren si no terminas a las cinco.

____

____

5. Mis abuelos deben tener cuatro maletas en su casa.

____

____

6. La chica piensa tomar el metro por la mañana.

____

____

Nombre ______________________ Fecha ______________________

PREPARACIÓN

Lección 6

Workbook

1 **El almacén** Look at the department store directory. Then complete the sentences with terms from the word list.

Almacén Gema	
PRIMER PISO	Departamento de caballeros
SEGUNDO PISO	Zapatos y ropa de invierno
TERCER PISO	Departamento de damas y óptica
CUARTO PISO	Ropa interior, ropa de verano y trajes de baño

corbatas	calcetines	abrigos	vestidos
cinturones	trajes de baño	faldas	pantalones de hombre
guantes	gafas de sol	medias	blusas
sandalias	bolsas	trajes de hombre	botas

1. En el primer piso puedes buscar ______________________
2. En el segundo piso puedes buscar ______________________
3. En el tercer piso puedes buscar ______________________
4. En el cuarto piso puedes buscar ______________________
5. Quiero unos pantalones cortos. Voy al ______________________ piso.
6. Buscas unas gafas. Vas al ______________________ piso.
7. Arturo ve una chaqueta en el ______________________ piso.
8. Ana ve los bluejeans en el ______________________ piso.

2 **Necesito de todo** (*everything*) Complete these sentences with the correct terms.

1. Voy a nadar en la piscina. Necesito ______________________.
2. Está lloviendo mucho. Necesito ______________________.
3. No puedo ver bien porque hace sol. Necesito ______________________.
4. Voy a correr por el parque. Necesito ______________________.
5. Queremos entrar en muchas tiendas diferentes. Vamos al ______________________.
6. No tengo dinero en la cartera. Voy a pagar con la ______________________.

Workbook

3 **Los colores** Answer these questions in complete sentences.

1. ¿De qué color es el chocolate?
____
2. ¿De qué color son las bananas?
____
3. ¿De qué color son las naranjas (*oranges*)?
____
4. ¿De qué colores es la bandera (*flag*) de los Estados Unidos?
____
5. ¿De qué color son las nubes (*clouds*) cuando está nublado?
____
6. ¿De qué color son los bluejeans?
____
7. ¿De qué color es la nieve?
____
8. ¿De qué color son las palabras de los libros?
____

4 **¿Qué lleva?** Look at the illustration and fill in the blanks with the names of the numbered items.

Nombre ______________________ Fecha ______________________

GRAMÁTICA

6.1 Numbers 101 and higher

1 **La lotería** Read the following lottery winnings list. Then answer the questions, writing the Spanish words for numbers. Remember to use **de** after the number whenever necessary.

LOTERÍA NACIONAL

SORTEO DEL DÍA 24 DE JUNIO

Diez series de 100.000 billetes cada una

SORTEO **49** / **00**

Lista acumulada de las cantidades que han correspondido a los números premiados, clasificados por su cifra final

Estos premios podrán cobrarse hasta el día 25 de septiembre, INCLUSIVE

2		3		4		5		6		7	
Números	Pesetas	Números	Pesetas	Números	Pesetas	Números	Pesetas	Números	Pesetas	Números	Pesetas
43402	100.000	43403	110.000	43404	110.000	43405	100.000	43406	100.000	43407	100.000
43412	100.000	43413	110.000	43414	110.000	43415	100.000	43416	100.000	43417	100.000
43422	100.000	43423	110.000	43424	130.000	43425	100.000	43426	100.000	43427	100.000
43432	100.000	43433	110.000	43434	110.000	43435	100.000	43436	100.000	43437	100.000
43442	100.000	43443	110.000	43444	110.000	43445	100.000	43446	100.000	43447	100.000
43452	100.000	43453	110.000	43454	110.000	43455	100.000	43456	100.000	43457	100.000
43462	100.000	43463	110.000	43464	110.000	43465	100.000	43466	100.000	43467	100.000
43472	100.000	43473	110.000	43474	160.000	43475	100.000	43476	100.000	43477	100.000
43482	100.000	43483	110.000	43484	110.000	43485	100.000	43486	1.280.000	**434787**	**20.000.000**
43492	100.000	43493	110.000	43494	110.000	43495	100.000	43496	100.000	43497	100.000
98302	100.000	98303	110.000	98304	110.000	98305	100.000	98306	100.000	98307	100.000
98312	100.000	98313	110.000	98314	110.000	98315	100.000	98316	100.000	98317	100.000
98322	100.000	98323	110.000	98324	130.000	98325	100.000	98326	100.000	98327	100.000
98332	100.000	98333	110.000	98334	110.000	98335	100.000	98336	100.000	98337	100.000
98342	100.000	98343	110.000	98344	110.000	98345	100.000	98346	100.000	98347	100.000
98352	100.000	98353	110.000	98354	110.000	98355	100.000	98356	100.000	98357	100.000
98362	100.000	98363	110.000	98364	110.000	98365	100.000	98366	100.000	98367	100.000
98372	100.000	98373	2.110.000	**98374**	**100.110.000**	98375	2.100.000	98376	2.100.000	98377	2.100.000
98382	100.000	98383	110.000	98384	110.000	98385	100.000	98386	100.000	98387	100.000
98392	100.000	98393	110.000	98394	110.000	98395	100.000	98396	100.000	98397	100.000
		Terminaciones		**Terminaciones**		**Terminaciones**		**Terminaciones**		**Terminaciones**	
		4333	260.000	374	160.000	175	50.000	776	260.000	9957	250.000
		233	60.000	24	30.000	255	50.000			147	50.000
		733	60.000	74	60.000						
		3	10.000	4	10.000						

ESTE SORTEO ADJUDICA 3.584.100 DÉCIMOS PREMIADOS POR UN IMPORTE TOTAL DE 7.000.000.000 DE PESETAS

PREMIO ESPECIAL 490.000.000 Ptas. Núm. 98374 PRIMER PREMIO	FRACCIóN	SERIE	PREMIO ACUMULADO
	6.ª	7.ª	500.000.000

sorteo *lottery drawing* **acumulada** *cumulative* **cifra** *figure* **billete** *ticket* **adjudica** *awards* **décimo** *lottery ticket* **premiados** *awarded* **premia** *prize* **importe** *quantity*

1. El sorteo tiene diez series de ______________________ billetes cada una.
2. El número 43403 gana ______________________ pesetas.
3. El número 98373 gana ______________________ pesetas.
4. El número 98374 gana ______________________ pesetas.
5. El número 43487 gana ______________________ pesetas.
6. La terminación ______________________ gana ciento sesenta mil pesetas.
7. El sorteo adjudica ______________________ décimos premiados.
8. El importe total es de ______________________ pesetas.
9. El premio especial es de ______________________ pesetas.
10. El premio acumulado es de ______________________ pesetas.

2 **¿Cuántos hay?** Use **Hay** + the cues to write complete sentences.

modelo
450 / personas en la compañía
Hay cuatrocientas cincuenta personas en la compañía.

1. 275.000.000 / habitantes en los Estados Unidos
2. 827 / pasajeros en el aeropuerto
3. 25.350 / estudiantes en la universidad
4. 3.930.000 / puertorriqueños que viven en Puerto Rico
5. 56.460 / dólares en su cuenta (*account*) de banco
6. 530.000 / turistas en la ciudad en el verano

3 **Síntesis**

In complete sentences, describe the room and the people (including their clothing) in the illustration. Explain what the people are doing and feeling, and why. Then choose one of the groups of people and write a conversation that they could be having.

Nombre ______________________ Fecha ______________________

6.2 The preterite tense of regular verbs

1 **El pretérito** Complete these sentences with the preterite tense of the indicated verb.

1. (encontrar) Marcela ______________________ las sandalias debajo de la cama.
2. (recibir) Gustavo ______________________ el dinero para comprar los libros.
3. (terminar) Sara y Viviana ______________________ el libro a la misma vez.
4. (preparar) La agente de viajes ______________________ un itinerario muy interesante.
5. (recorrer) (Yo) ______________________ la ciudad en bicicleta.
6. (escuchar) Los dependientes ______________________ el partido por la radio.
7. (viajar) Patricia y tú ______________________ a México el verano pasado.
8. (comprar) (Nosotras) ______________________ abrigos para el frío.
9. (regresar) (Tú) ______________________ del centro comercial a las cinco de la tarde.
10. (vivir) Uds. ______________________ en casa de sus padres hasta el año pasado.

2 **Ahora y en el pasado** Rewrite these sentences in the preterite tense.

1. Ramón escribe una carta al director del programa.

____

2. Mi tía trabaja como dependienta en un gran almacén.

____

3. Comprendo el trabajo de la clase de biología.

____

4. La familia de Daniel vive en Argentina.

____

5. Virginia y sus amigos comen en el café de la librería.

____

6. Los ingenieros terminan la construcción de la tienda en junio.

____

7. Siempre llevas ropa muy elegante.

____

8. Los turistas caminan por la playa cuando sale el sol.

____

9. Corremos por el estadio antes (*before*) del partido.

____

Nombre ______________________ Fecha ______________________

3 **Ya pasó** Answer these questions negatively, indicating that what is being asked already happened.

modelo

¿Va a comprar ropa Silvia en el centro comercial?
No, Silvia ya compró ropa en el centro comercial.

1. ¿Va a viajar a Perú tu primo Andrés?
____
2. ¿Vas a buscar una tienda de computadoras en el centro comercial?
____
3. ¿Vamos a encontrar muchas rebajas en el centro?
____
4. ¿Va a llevar las sandalias María esta noche?
____
5. ¿Van a regatear con el vendedor Mónica y Carlos?
____
6. ¿Va a pasear por la playa tu abuela?
____

4 **La semana pasada** Your friend asks you whether you did these activities last week. Write each question, then answer it affirmatively or negatively.

modelo

sacar fotos de los amigos
—¿Sacaste fotos de los amigos?
—Sí, saqué fotos de los amigos./No, no saqué fotos de los amigos.

1. pagar una compra (*purchase*) con una tarjeta de crédito
____
____
2. practicar un deporte
____
____
3. buscar un libro en la biblioteca
____
____
4. llegar tarde a clase
____
____
5. empezar a escribir un trabajo
____
____

Nombre ______________________ Fecha ______________________

6.3 Indirect object pronouns

1 **¿A quién?** Complete these sentences with indirect object pronouns.

1. ______________ doy a la profesora los libros.
2. Amelia ______________ pregunta a nosotras si queremos ir al cine.
3. El empleado ______________ buscó trabajo a sus primas en el almacén.
4. Julio quiere traer ______________ un televisor nuevo a sus padres.
5. Los clientes ______________ dicen a nosotros que todo está muy caro.
6. Tu hermano no ______________ presta la ropa a ti (*you*).
7. La empleada de la tienda ______________ cerró la puerta a mi tía.
8. La mamá no ______________ hace las tareas a sus hijos.
9. Deben pagar ______________ mucho dinero a ti por (*for*) trabajar en el almacén.
10. Las dependientas ______________ dan el vestido rosado a mí.

2 **¿Para quién?** Rewrite these sentences, replacing the indirect objects with indirect object pronouns.

1. Llevo unos zapatos de tenis para mi hermano.

____

2. Compré un impermeable para ella.

____

3. Ellos traen trajes de baño para nosotros.

____

4. Escribimos las cartas de recomendación para Gerardo y Marta.

____

5. Uds. no buscaron un vestido para Marisela.

____

6. Pides un café para Irene y Vicente.

____

7. Conseguimos unas gafas en rebaja para ustedes.

____

8. Buscas un sombrero para Dalia y Virginia.

____

9. No terminamos el trabajo para la profesora.

____

10. Compro unos guantes para mi prima.

____

Nombre ______ Fecha ______

Workbook

3 **Escribir** Rewrite these sentences, using an alternate placement for the indirect object pronouns.

modelo

Me quiero comprar un coche nuevo.
Quiero comprarme un coche nuevo.

1. Les vas a pedir dinero para los libros a tus padres.
______
2. Quiero comprarles unos guantes a mis sobrinos.
______
3. Clara va a venderle sus patines en línea.
______
4. Los clientes nos pueden pagar con tarjeta de crédito.
______

4 **De compras** Complete the paragraph with the correct indirect object pronouns.

Isabel y yo vamos de compras al centro comercial. Yo tengo que comprar ______(1) unas cosas a mis parientes porque voy a viajar a mi ciudad este fin de semana. A mi hermana Laura ______(2) quiero dar unas gafas de sol, porque ______(3) molesta (*bothers*) el sol cuando va a la playa. A mis dos sobrinos ______(4) voy a comprar una pelota de béisbol. A mi padre ______(5) traigo un libro, y a mi madre ______(6) quiero conseguir una blusa. Quiero llevar______(7) camisas con el nombre de mi universidad a todos (*everyone*). ______(8) quiero mostrar que pienso mucho en ellos.

5 **Respuestas** Answer these questions negatively. Use indirect object pronouns in the answer.

modelo

¿Le compraste una camisa al vendedor?
No, no le compré una camisa.

1. ¿Le escribió Rolando un correo electrónico a Miguel?
______
2. ¿Nos trae el botones las maletas a la habitación?
______
3. ¿Les venden gafas de sol los vendedores a los turistas?
______
4. ¿Te da regalos tu hermano?
______
5. ¿Les digo a Uds. cómo llegar a la tienda nueva?
______
6. ¿Me buscaste la revista en la librería?
______

Nombre ______________________ Fecha ______________________

Workbook

6.4 Demonstrative adjectives and pronouns

1 **Completar** Complete these sentences with the correct form of the demonstrative adjective in parentheses.

1. (*these*) Me quiero comprar ______________ zapatos porque me gustan mucho.
2. (*that*) Comimos en ______________ restaurante la semana pasada.
3. (*that over there*) ______________ tienda vende las gafas de sol a un precio muy alto.
4. (*this*) Las rebajas en ______________ almacén son legendarias.
5. (*those*) ______________ botas hacen juego con tus pantalones negros.
6. (*these*) Voy a llevar ______________ pantalones con la blusa roja.

2 **Preguntas** Answer these questions negatively, using the cues in parentheses and the corresponding demonstrative adjectives.

modelo

¿Compró esas medias Sonia? (cartera)

No, compró esa cartera.

1. ¿Va a comprar ese suéter Gloria? (pantalones)

____

2. ¿Llevaste estas sandalias? (zapatos de tenis)

____

3. ¿Quieres ver esta ropa interior? (medias)

____

4. ¿Usa aquel traje David? (chaqueta negra)

____

5. ¿Decidió Silvia comprar esas gafas de sol? (sombrero)

____

6. ¿Te mostró el vestido aquella vendedora? (dependiente)

____

3 **Ésos no** Complete these sentences using demonstrative pronouns. Choose a pronoun for each sentence, paying attention to agreement.

1. Aquellas sandalias son muy cómodas, pero ______________ son más elegantes.
2. Esos vestidos largos son muy caros; voy a comprar ______________.
3. No puedo usar esta tarjeta de crédito; tengo que usar ______________.
4. Esos zapatos tienen buen precio, pero ______________ no.
5. Prefiero este sombrero porque ______________ es muy grande.
6. Estas medias son buenas; las prefiero a ______________.

Workbook

4 **Éstas y aquéllas** Look at the illustration and complete this conversation with the appropriate demonstrative adjectives and pronouns.

CLAUDIA: ¿Te gusta ________(1)________ corbata, Gerardo?

GERARDO: No, no me gusta ________(2)________. Prefiero ________(3)________ que está sobre el escaparate (*display case*).

CLAUDIA: ________(4)________ es bonita, pero no hace juego con la chaqueta que tienes.

GERARDO: Mira ________(5)________ chaqueta. Me gusta y creo que está a buen precio. Puedo usar ________(6)________ en lugar de (*instead of*) la que tengo en casa.

CLAUDIA: ¿Y qué piensas de ________(7)________ cinturón?

GERARDO: ________(8)________es muy elegante. ¿Es caro?

CLAUDIA: Es más barato que ________(9)________ que están en el escaparate.

5 **Síntesis** Imagine that you went with your brother to an open-air market last weekend. This weekend you take a friend there. Write a conversation between you and your friend, using as many different verbs as you can from those you have learned.

- Indicate to your friend the items you saw last weekend, what you liked and didn't like, the items that you bought, and for whom you bought the items.
- Suggest items that your friend might buy and for whom he or she might buy them.

Nombre ______________________ Fecha ______________________

Workbook

AVENTURAS EN LOS PAÍSES HISPANOS

España

1 **El mapa de España** Fill in the blanks with the name of the city or geographical feature.

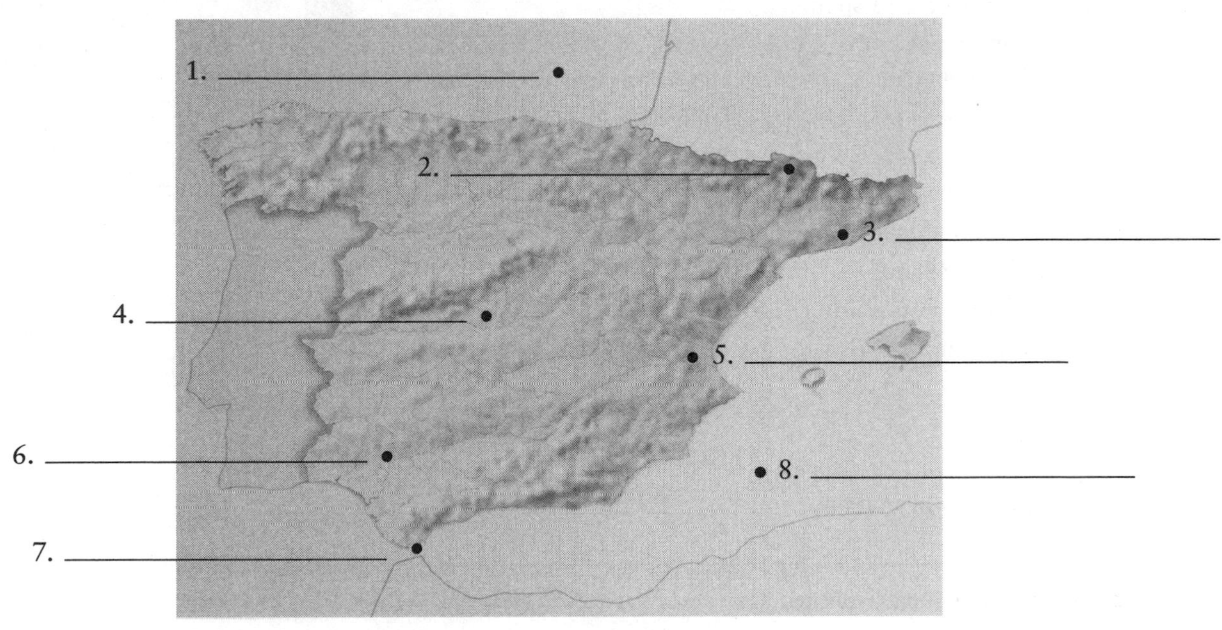

2 **Lugares** Write the words to complete these sentences about Spanish places. Then circle them on the grid (horizontally, diagonally, and vertically).

1. En ______________ está el país de España.
2. ______________ tiene un área de 504.750 km^2.
3. ______________, ______________, ______________, y ______________ son ciudades importantes de España.
4. En Valencia hay un pequeño pueblo llamado ______________ .
5. En España se encuentran las islas ______________ y ______________ .
6. El Museo del Prado está en ______________ .

A	M	T	K	I	P	M	Y	T	B	U	Ñ	O	L	O
D	B	A	L	E	A	R	E	S	U	R	A	Z	I	P
E	R	G	D	P	L	R	H	B	M	V	A	A	N	N
C	A	N	A	R	I	A	S	B	R	A	G	R	U	Y
U	Z	K	C	S	I	N	B	A	L	L	I	V	E	S
Y	S	A	D	A	O	D	C	L	P	E	I	E	S	A
T	L	X	P	Ñ	I	X	Z	E	S	N	P	U	P	E
A	Z	O	G	A	R	A	Z	A	D	C	C	R	A	L
X	T	A	Z	O	L	G	A	R	A	I	V	O	Ñ	A
E	R	B	A	R	C	E	L	O	N	A	K	P	A	B
P	Ñ	E	S	P	O	Ñ	O	L	K	Ñ	H	A	Z	D

Workbook

3 **Palabras cruzadas** *(crossed)* Write one letter in each blank. Then answer the final question, using the new word that is formed.

1. Tiene 2.210.000 de población.
2. Hay muchas cafeterías donde la gente pasa el tiempo.
3. Era la moneda de España.
4. La unión de países cuya *(whose)* moneda es el euro
5. Baile con raíces *(roots)* judías *(Jewish)*, árabes y africanas
6. Islas españolas del Mar Mediterráneo
7. La profesión de Goya y el Greco
8. Capital de España
9. La obra más famosa de Diego Velázquez
10. Museo español famoso

El festival de Buñol se llama: ____________________.

4 **Las fotos** Label each photo.

1. ____________________

2. ____________________

3. ____________________

4. ____________________

PREPARACIÓN

Lección 7

1 **Las rutinas** Complete each sentence with a word from **Preparación.**

1. Susana se lava el pelo con ______________________.
2. Elena usa el ______________________ para maquillarse.
3. Manuel se lava las manos con ______________________.
4. Después de lavarse las manos, usa la ______________________.
5. Luis tiene un ______________________ para levantarse temprano.

2 **¿En el baño o en la habitación?** Write **en el baño** or **en la habitación** to indicate where each activity takes place.

1. bañarse ______________________
2. levantarse ______________________
3. ducharse ______________________
4. lavarse la cara ______________________
5. acostarse ______________________
6. afeitarse ______________________
7. cepillarse los dientes ______________________
8. dormirse ______________________

3 **Ángel y Lupe** Look at the drawings, and choose the appropriate phrase to describe what Ángel or Lupe is doing in a complete sentence.

afeitarse por la mañana	ducharse antes de salir
bañarse luego de correr	cepillarse los dientes después de comer

1. ______________________

2. ______________________
____

3. ______________________

4. ______________________

4 **La palabra diferente** Fill in the blank with the word that doesn't belong in each group.

1. luego, después, más tarde, entonces, antes ______________
2. maquillarse, cepillarse el pelo, despertarse, peinarse, afeitarse ______________
3. bailar, despertarse, acostarse, levantarse, dormirse ______________
4. champú, despertador, jabón, maquillaje, crema de afeitar ______________
5. entonces, bañarse, lavarse las manos, cepillarse los dientes, ducharse ______________
6. pelo, vestirse, dientes, manos, cara ______________

5 **La rutina de Silvia** Rewrite this paragraph, selecting the correct sequencing words from the parentheses.

(Por la mañana, Durante el día) Silvia se prepara para salir. (Primero, Antes de) se levanta y se ducha. (Después, Antes) de ducharse, se viste. (Entonces, Durante) se maquilla. (Primero, Antes) de salir come algo y bebe un café. (Durante, Por último) se peina y se pone una chaqueta. (Durante el día, Antes de) Silvia no tiene tiempo (*time*) de volver a su casa. (Más tarde, Antes de) come algo en la cafetería de la universidad y estudia en la biblioteca. (Por la tarde, Por último), Silvia trabaja en el centro comercial. (Por la noche, Primero) llega a su casa y está cansada. (Más tarde, Después de) prepara algo de comer y mira la televisión un rato. (Antes de, Después de) acostarse a dormir siempre estudia un rato.

Nombre ______________________ Fecha ______________________

GRAMÁTICA

7.1 Reflexive verbs

1 **Se hace** Complete each sentence with the correct present tense forms of the verb in parentheses.

1. (enojarse) Marcos y Gustavo ______________ con Javier.
2. (despedirse) Mariela ______________ de su amiga en la estación del tren.
3. (acostarse) (Yo) ______________ temprano porque tengo clase por la mañana.
4. (ducharse) Los jugadores ______________ en el baño después del partido.
5. (ponerse) Irma y yo ______________ los vestidos nuevos.
6. (preocuparse) (Tú) ______________ por tu novio porque siempre pierde las cosas.
7. (lavarse) Ud. ______________ la cara con un jabón especial.
8. (ponerse) Mi mamá ______________ muy contenta cuando llego temprano a casa.

2 **Lo hiciste** Answer the questions positively, using complete sentences.

1. ¿Te cepillaste los dientes después de comer?

____

2. ¿Se maquilla Julia antes de salir a bailar?

____

3. ¿Se duchan Uds. antes de entrar en la piscina?

____

4. ¿Se ponen sombreros los turistas cuando van a la playa?

____

5. ¿Me afeité esta mañana antes de ir al trabajo?

____

6. ¿Nos ponemos los vestidos en la habitación del hotel?

____

7. ¿Te duermes en el cine cuando ves películas aburridas?

____

8. ¿Se sienta Ana delante de Federico en clase?

____

9. ¿Se quedan Uds. en una pensión en Lima?

____

10. ¿Te acuerdas de las fotos que sacamos ayer?

____

3 **Escoger** Choose the correct verb from the parentheses, then fill in the blank with its correct form.

(lavar/lavarse)

1. Josefina ________________ las manos en el baño.

   Josefina ________________ la ropa en la lavadora (*washing machine*).

(peinar/peinarse)

2. (Yo) ________________ a mi hermana todas las mañanas.

   (Yo) ________________ en el baño, delante del espejo.

(quitar/quitarse)

3. (Nosotros) ________________ los abrigos al entrar en casa.

   (Nosotros) ________________ los libros de la mesa para comer.

(levantar/levantarse)

4. Los estudiantes ________________ muy temprano.

   Los estudiantes ________________ la mano para hacer preguntas.

4 **El incidente** Complete the paragraph with reflexive verbs from the word bank. Use each verb only once.

irse	despertarse	afeitarse
vestirse	quedarse	maquillarse
lavarse	ponerse	acordarse
levantarse	preocuparse	enojarse

Luis ________________ (1) todos los días a las seis de la mañana. Luego entra en el baño y ________________ (2) el pelo con champú. Cuando termina, usa la crema de afeitar para ________________ (3) delante del espejo. Come algo con su familia y él y sus hermanos ________________ (4) hablando un rato.

Cuando sale tarde, Luis ________________ (5) porque no quiere llegar tarde a la clase de español. Los estudiantes ________________ (6) nerviosos porque a veces (*sometimes*) tienen pruebas sorpresa en la clase.

Ayer por la mañana, Luis ________________ (7) con su hermana Marina porque ella ________________ (8) tarde y pasó mucho rato en el baño con la puerta cerrada.

—¿Cuándo sales, Marina? — le dijo (*said*) Luis a Marina.

—¡Tengo que ________________ (9) porque voy a salir con mi novio y quiero estar bonita! —dijo Marina.

—¡Tengo que ________________ (10) ya, Marina! ¿Cuándo terminas?

—Ahora salgo, Luis. Tengo que ________________ (11). Me voy a poner mi vestido favorito.

—Tienes que ________________ (12) de que viven muchas personas en esta casa, Marina.

Workbook

7.2 Indefinite and negative words

1 **Alguno o ninguno** Complete the sentences with indefinite and negative words from the word bank.

ninguna	alguna	alguien
tampoco	ningún	

1. No tengo ganas de ir a ______________ lugar hoy.
2. ¿Tienes ______________ idea para el proyecto?
3. ¿Viene ______________ a la fiesta de mañana?
4. No voy a ______________ estadio nunca.
5. ¿Te gusta ______________ de estas corbatas?
6. No quiero ir a mi casa (*home*), ni a la tuya (*yours*) ______________.

2 **Palabras negativas** Complete the sentences with indefinite words.

1. No me gustan estas gafas. ______________ quiero comprar ______________ de ellas.
2. Estoy muy cansado. ______________ quiero salir a ______________ restaurante.
3. No tengo hambre. ______________ quiero comer ______________.
4. A mí no me gusta la playa. ______________ quiero ir a la playa ______________.
5. Soy muy tímida. ______________ hablo con ______________ ______________.
6. No me gusta el color rojo, ______________ el color rosado ______________.

3 **Lo contrario** Make each sentence negative.

modelo

Buscaste algunos vestidos en la tienda.
No buscaste ningún vestido en la tienda.

1. Las dependientas venden algunas blusas.

____

2. Alguien va de compras al centro comercial.

____

3. Siempre me cepillo los dientes antes de salir.

____

4. Te traigo algún programa de la computadora.

____

5. Mi hermano prepara algo de comer.

____

6. Quiero tomar algo en el café de la librería.

____

4 **No, no es cierto** Answer the questions negatively.

modelo

¿Comes siempre en casa?

No, nunca como en casa./No, no como en casa nunca.

1. ¿Tiene Alma alguna falda?
2. ¿Sales siempre los fines de semana?
3. ¿Quiere comer algo Gregorio?
4. ¿Le prestaste algunos discos de jazz a César?
5. ¿Podemos o ir a la playa o nadar en la piscina?
6. ¿Encontraste algún cinturón barato en la tienda?
7. ¿Buscaron Uds. a alguien en la playa?
8. ¿Te gusta alguno de estos trajes?

5 **Lo opuesto** Rewrite the paragraph, changing the positive words to negative ones.

Rodrigo siempre está leyendo algún libro. También le gusta leer el periódico. Siempre lee algo. Alguien le pregunta si leyó alguna novela de Mario Vargas Llosa. Leyó algunos libros de Vargas Llosa el año pasado. También leyó algunas novelas de Gabriel García Márquez. Algunos libros le encantan. Le gusta leer o libros de misterio o novelas fantásticas.

Nombre ______________________ Fecha ______________________

Workbook

7.3 Preterite of ser and ir

1 **¿Ser o ir?** Complete the sentences with the preterite of **ser** or **ir**. Then write the infinitive form of the verb you used.

1. Ayer María y Javier ____________ a la playa con sus amigos. ____________
2. El vestido anaranjado que compré ____________ muy barato. ____________
3. El fin de semana pasado (nosotros) ____________ al centro comercial. ____________
4. La abuela y la tía de de Maricarmen ____________ doctoras. ____________
5. (Nosotros) ____________ muy simpáticos con la familia de Claribel. ____________
6. Manuel ____________ a la universidad en septiembre. ____________
7. Los vendedores ____________ al almacén muy temprano. ____________
8. Lima ____________ la primera ciudad que visitaron en el viaje. ____________
9. (Yo) ____________ a buscarte en la cafetería, pero no te encontré. ____________
10. Mi compañera de cuarto ____________ a comprar champú en la tienda. ____________

2 **Viaje a Perú** Complete the paragraph with the preterite of **ser** and **ir**. Then fill in the chart with the infinitive form of the verbs you used.

El mes pasado mi amiga Clara y yo ______(1)______ de vacaciones al Perú. El vuelo (*flight*) ______(2)______ un miércoles por la mañana, y ______(3)______ cómodo. Primero Clara y yo ______(4)______ a Lima, y ______(5)______ a comer en un restaurante de comida peruana. La comida ______(6)______ muy buena. Luego ______(7)______ al hotel y nos ______(8)______ a dormir. El jueves ______(9)______ un día nublado. Nos ______(10)______ a Cuzco, y el viaje en autobús ______(11)______ largo. Yo ______(12)______ la primera en despertarme y ver la ciudad de Cuzco. La ciudad ______(13)______ impresionante. Luego Clara y yo ______(14)______ de excursión hacia Machu Picchu. El cuarto día nos levantamos muy temprano y nos ______(15)______ hacia la antigua ciudad inca. El amanecer sobre Machu Picchu ______(16)______ hermoso. La excursión ______(17)______ una experiencia inolvidable (*unforgettable*). ¿______(18)______ tú al Perú el año pasado?

1. ______	7. ______	13. ______
2. ______	8. ______	14. ______
3. ______	9. ______	15. ______
4. ______	10. ______	16. ______
5. ______	11. ______	17. ______
6. ______	12. ______	18. ______

7.4 Gustar and verbs like gustar

1 **¿Uno o varios?** Rewrite each sentence, choosing the correct form of the verb in parentheses.

1. Te (quedan, queda) bien las faldas y los vestidos.

____

2. No les (molesta, molestan) la lluvia.

____

3. No les (gusta, gustan) estar enojados.

____

4. Les (aburre, aburren) probarse ropa en las tiendas.

____

5. Le (fascina, fascinan) las tiendas y los almacenes.

____

6. Le (falta, faltan) dos años para terminar la carrera (*degree*).

____

7. Nos (encanta, encantan) pescar y nadar en el mar.

____

8. Me (interesan, interesa) las ruinas peruanas.

____

2 **Nos gusta el fútbol** Complete the paragraph with the correct forms of the verbs in parentheses.

A mi familia le (fascinar) ________ (1) el fútbol. A mis hermanas les (encantar) ________ (2) los jugadores porque son muy guapos. También les (gustar) ________ (3) la emoción (*excitement*) de los partidos. A mi papá le (interesar) ________ (4) tanto (*so much*) los partidos que los sigue por Internet. A mi mamá le (molestar) ________ (5) nuestra afición porque no hacemos las tareas de la casa cuando hay un partido. A ella generalmente le (aburrir) ________ (6) los partidos. Pero cuando le (faltar) ________ (7) un gol al equipo argentino para ganar, le (encantar) ________ (8) los minutos finales del partido.

3 **Los otros** Rewrite each sentence, substituting the subject with the one in parentheses.

1. Le quedan bien los vestidos largos. (la blusa cara)

____

2. Les molesta la música moderna. (las canciones populares)

____

3. No te interesa bailar salsa. (caminar por la playa)

4. Me gusta esa toalla de playa. (aquellas gafas de sol)

5. Les encantan las tiendas. (el centro comercial)

6. Nos falta practicar el español. (unas semanas de clase)

7. No les gusta el ballet. (las películas)

8. No les importa esperar un rato. (buscar unos libros nuestros)

4 **¿Qué piensan?** Complete the sentences with the correct pronouns and forms of the verbs in parentheses.

1. (encantar) A mí ______ las películas de misterio.
2. (molestar) A Gregorio ______ mucho la nieve y el frío.
3. (gustar) A mi sobrina ______ leer y escribir.
4. (faltar) A Uds. ______ un libro de esa colección.
5. (quedar) ¿______ bien los sombreros a ti?
6. (fascinar) A nosotros ______ la historia peruana.
7. (importar) A ella no ______ las apariencias (*appearances*).
8. (aburrir) Los deportes por televisión a mí ______ mucho.

5 **Oraciones nuevas** Write complete sentences in the preterite tense. Do not repeat the indirect object.

modelo
(a las dependientas) / no importar / traernos la ropa
No les importó traernos la ropa.

1. (a las turistas) / gustar / las playas del Caribe

2. (a Uds.) / interesar / las rebajas de verano

3. (a Daniela) / encantar / regatear y gastar poco (*little*) dinero

4. (a nosotros) / faltar / encontrar los pasajes para poder irnos

Nombre ______________________ Fecha ______________________

6 **Síntesis** Interview a classmate or relative about an interesting vacation she or he took. Then gather the answers into a report. Answer the following questions:

- What did he or she like or love about the vacation? What interested him or her?
- Where did he or she stay, what were the accommodations like, and what was his or her daily routine like during the trip?
- Where did he or she go, what were the tours like, what were the tour guides like, and what were his or her traveling companions like?
- What bothered or angered him or her? What bored him or her during the vacation?
- Be sure to address the negative and positive aspects of the vacation.

Nombre ______________________ Fecha ______________________

PREPARACIÓN

Lección 8

Workbook

1 **¿Qué comida es?** Read the descriptions and write the name of the food in the blank.

1. Son rojos y se sirven (*they are served*) en las ensaladas. ______________________
2. Se come (*It is eaten*) antes del plato principal; es líquida y caliente (*hot*). ______________________
3. Son unas verduras anaranjadas, largas y delgadas. ______________________
4. Hay de naranja y de manzana; se bebe en el desayuno. ______________________
5. Son dos rebanadas (*slices*) de pan con queso y jamón. ______________________
6. Es comida rápida; se sirven con hamburguesas y se les pone sal. ______________________
7. Son pequeños y rosados; viven en el mar hasta que los pescan. ______________________
8. Son frutas amarillas; con agua y azúcar se hace una bebida de verano. ______________________

2 **Categorías** Categorize the foods listed in the word bank.

bistec	zanahorias	salmón	champiñones	maíz	mantequilla
aceite	salchichas	bananas	langosta	limones	manzanas
hamburguesas	pollo	azúcar	margarina	papas	pimienta
vinagre	naranjas	jamón	arvejas	leche	tomates
chuletas de cerdo	atún	pavo	camarones	uvas	
	sal	cebollas	lechuga	queso	

Verduras	Productos lácteos (*dairy*)	Condimentos	Carnes y aves (*poultry*)	Pescado y mariscos	Frutas

Workbook

3 **¿Qué es?** Label the item of food shown in each drawing.

1. ______________

2. ______________

3. ______________

4. ______________

4 **¿Cuándo lo comes?** Read the lists of meals, then categorize when the meals would be eaten.

1. un sándwich de jamón y queso, unas chuletas de cerdo con arroz y frijoles, fruta y un café con leche

Desayuno ______________

Almuerzo ______________

Cena ______________

2. una langosta con papas, huevos fritos y jugo de naranja, una hamburguesa y un refresco

Desayuno ______________

Almuerzo ______________

Cena ______________

3. pan tostado con mantequilla, un sándwich de atún y té helado, un bistec con cebolla y arroz

Desayuno ______________

Almuerzo ______________

Cena ______________

4. una sopa y una ensalada, cereales con leche, pollo asado con ajo y champiñones y vino blanco

Desayuno ______________

Almuerzo ______________

Cena ______________

GRAMÁTICA

8.1 Preterite of stem-changing verbs

1 **En el pasado** Rewrite each sentence, conjugating the verb into the preterite tense.

1. Ana y Enrique piden unos resfrescos fríos.

2. Mi mamá nos sirve arroz con frijoles y carne.

3. Tina y yo dormimos en una pensión de Lima.

4. Las flores (*flowers*) de mi tía mueren durante el otoño.

5. Uds. se sienten bien porque ayudan a las personas.

2 **El verbo correcto** For each sentence, choose the correct verb from those in parentheses. Then complete the sentence by writing the preterite form of the verb.

1. Rosana y Héctor ______________ las palabras del profesor. (repetir, dormir, morir)
2. El abuelo de Luis ______________ el año pasado. (despedirse, morir, servir)
3. (Yo) ______________ camarones y salmón de cena en mi casa. (morir, conseguir, servir)
4. Lisa y tú ______________ pan tostado con queso y huevo. (sentirse, seguir, pedir)
5. Ana y yo ______________ muy tarde los sábados. (dormirse, pedir, repetir)
6. Gilberto y su familia ______________ ir al restaurante de mariscos. (servir, preferir, vestirse)

3 **Sujetos diferentes** Rewrite each sentence, using the subject in parentheses.

1. Anoche nos despedimos de nuestros abuelos en el aeropuerto. (mis primos)

2. Melinda y Juan siguieron a Camelia por la ciudad en el auto. (yo)

3. Alejandro prefirió quedarse en casa. (Uds.)

4. Pedí un plato de langosta con salsa de mantequilla. (ellas)

5. Los camareros les sirvieron una ensalada con atún y tomate. (tu esposo)

6. Jorge y yo conseguimos pescado ayer en el mercado al aire libre. (los dueños)

Workbook

4 **El pasado** Create sentences from the elements provided. Use the preterite form of the verbs.

1. (Nosotros) / preferir / este restaurante al restaurante italiano

   ____

2. Mis amigos / seguir / a Gustavo para encontrar el restaurante

   ____

3. La camarera / servirte / huevos fritos y café con leche

   ____

4. Uds. / pedir / ensalada de mariscos y vino blanco

   ____

5. Carlos / repetir / las papas fritas

   ____

6. (Yo) / conseguir / el menú del restaurante

   ____

5 **La planta de la abuela** Complete the letter with the preterite form of the verbs from the word bank. Use each verb only once.

servir	preferir	repetir	morir	vestirse
dormir	pedir	seguir	despedirse	conseguir

Querida mamá:

*El fin de semana pasado fui a visitar a mi abuela Lilia en el campo. (Yo) Le ____(1)____ unos libros que ella me ____(2)____ de la librería de la universidad. Cuando llegué, mi abuela me ____(3)____ un plato sabroso de arroz con frijoles. La encontré triste porque la semana pasada su planta de tomates ____(4)____, y ahora tiene que comprar los tomates en el mercado. Me invitó a quedarme, y yo ____(5)____ en su casa. Por la mañana, abuela Lilia se despertó temprano, ____(6)____ y salió a comprar huevos para el desayuno. Me levanté inmediatamente y la ____(7)____ para ir con ella al mercado. En el mercado, ella me ____(8)____ que estaba triste por la planta de tomates. Le pregunté: ¿Debemos comprar otra planta de tomates?, pero ella ____(9)____ esperar al verano próximo (**next**). Después del desayuno ____(10)____ de ella y volví a la universidad. Quiero mucho a mi abuela. ¿Cuándo la vas a visitar?*

Chau,

Mónica

8.2 Double object pronouns

1 **Te lo traje** Rewrite each sentence, replacing the direct objects with direct object pronouns.

1. La camarera te sirvió el plato de pasta con mariscos.
2. Isabel nos trajo la sal y la pimienta a la mesa.
3. Javier me pidió el aceite y el vinagre anoche.
4. El dueño nos busca una mesa para seis personas.
5. Tu madre me consigue unas uvas deliciosas.
6. ¿Te recomendaron este restaurante Lola y Paco?

2 **Pronombres** Rewrite each sentence, using double object pronouns.

1. Le pidieron los menús al camarero.
2. Nos buscaron un lugar cómodo para sentarnos.
3. Les sirven papas fritas con el pescado a los clientes.
4. Le llevan unos entremeses a la mesa a Marcos.
5. Me trajeron una ensalada de lechuga y tomate.
6. El dueño le compra la carne al Sr. Gutiérrez.
7. Ellos te muestran los vinos antes de servirlos.
8. La dueña nos abre la sección de no fumar.

Nombre ______________________ Fecha ______________________

Workbook

3 **¿Quiénes son?** Answer the questions, using double object pronouns.

1. ¿A quiénes les escribiste las cartas? (a ellos) ______________________
2. ¿Quién le recomendó ese plato? (su tío) ______________________
3. ¿Quién nos va a abrir la puerta a esta hora? (Sonia) ______________________
4. ¿Quién les sirvió el pescado asado? (Miguel) ______________________
5. ¿Quién te llevó los entremeses? (mis amigas) ______________________
6. ¿A quién le ofrece frutas Roberto? (a su familia) ______________________

4 **La gran cena** Read the two dialogues. Then answer the questions, using double object pronouns.

CELIA (A Tito) Rosalía me recomendó este restaurante.
DUEÑO Buenas noches, señores. Les traigo unos entremeses, cortesía del restaurante.
CAMARERO Buenas noches. ¿Quieren ver el menú?
TITO Sí, por favor. ¿Está buena la langosta?
CAMARERO Sí, es la especialidad del restaurante.
TITO Entonces queremos pedir dos langostas.
CELIA Y yo quiero una copa (*glass*) de vino tinto, por favor.

CAMARERO Tenemos flan y fruta de postre (*for dessert*).
CELIA Perdón, ¿me lo puede repetir?
CAMARERO Tenemos flan y fruta.
CELIA Yo no quiero nada de postre, gracias.
DUEÑO ¿Les gustó la cena?
TITO Sí, nos encantó. Muchas gracias. Fue una cena deliciosa.

1. ¿Quién le recomendó el restaurante a Celia? ______________________
2. ¿Quién les sirvió los entremeses a Celia y a Tito? ______________________
3. ¿Quién les trajo los menús a Celia y a Tito? ______________________
4. ¿A quién le preguntó Tito cómo está la langosta? ______________________
5. ¿Quién le pidió las langostas al camarero? ______________________
6. ¿Quién le pidió un vino tinto al camarero? ______________________
7. ¿Quién le repitió a Celia la lista de postres (*desserts*)? ______________________
8. ¿A quién le dio las gracias Tito cuando se fueron? ______________________

Workbook

8.3 Saber and conocer

1 **¿Saber o conocer?** Complete the sentences, using **saber** and **conocer.**

1. (Yo) No ______________ a los padres de Arturo y Gustavo.
2. Carolina ______________ las montañas de New Hampshire.
3. ¿(Tú) ______________ las preguntas que nos van a poner en el examen?
4. León ______________ preparar un pollo a la parmesana delicioso.
5. (Nosotros) ______________ a la dueña del restaurante más caro de la ciudad.
6. Julio y tú ______________ que estoy trabajando en mi casa hoy.

2 **¿Qué hacen?** Complete the sentences, using the verbs from the word bank. Use each verb only once.

traducir	conocer	conducir
parecer	saber	ofrecer

1. Gisela ______________ una motocicleta por las calles (*streets*) de la ciudad.
2. Tú ______________ servir el vino de una manera elegante.
3. El novio de Aurelia ______________ ser inteligente y simpático.
4. En ese restaurante los ______________ ya, porque siempre van a comer allí (*there*).
5. Los vendedores del mercado al aire libre nos ______________ rebajas.
6. (Yo) ______________ libros de historia y de sociología al español.

3 **Lo saben y la conocen** Create sentences, using the elements and **saber** or **conocer.**

1. Eugenia / mi amiga Frances

____

2. Pamela / hablar español muy bien

____

3. El sobrino de Rosa / leer y escribir

____

4. José y Laura / la ciudad de Barcelona

____

5. No / cuántas manzanas debo comprar

____

6. (Tú) / el dueño del mercado

____

7. Elena y María Victoria / patinar en línea

____

8.4 Comparisons and superlatives

1 **¿Cómo se comparan?** Complete the sentences with the Spanish of the comparison in parentheses.

1. (*smaller than*) Puerto Rico es ________________ Guatemala.
2. (*faster than*) Álex es un corredor ________________ su amigo Ricardo.
3. (*as tasty as*) Los champiñones son ________________ las arvejas.
4. (*taller than*) Los jugadores de baloncesto son ________________ los otros estudiantes.
5. (*more hard-working than*) Jimena es ________________ su novio Pablo.
6. (*less intelligent than*) Marisol es ________________ su hermana mayor.
7. (*as bad as*) La nueva novela de ese escritor es ________________ la novela que escribió antes.
8. (*less fat than*) Agustín y Mario están ________________ antes.

2 **¿Quién es más...?** Write sentences that compare the two items, using the adjectives in parentheses.

modelo
(inteligente) Albert Einstein / Homer Simpson
Albert Einstein es más inteligente que Homer Simpson.

1. (famoso) Gloria Estefan / mi hermana
____
2. (difícil) estudiar química orgánica / leer una novela
____
3. (malo) el tiempo en Boston / el tiempo en Florida
____
4. (barato) los restaurantes elegantes / los restaurantes de hamburguesas
____
5. (viejo) mi abuelo / mi sobrino
____

3 **¿Por qué?** Complete the sentences with the correct comparisons.

modelo
Darío juega mejor al fútbol que tú.
Es porque Darío practica más que tú.

1. Mi hermano es más gordo que mi padre. Es porque mi hermano come ________________.
2. Natalia conoce más países que tú. Es porque Natalia viaja ________________.
3. Estoy menos cansado que David. Es porque duermo ________________.
4. Rolando tiene más hambre que yo. Va a comer ________________.
5. Mi vestido favorito es más barato que el tuyo. Voy a pagar ________________.
6. Julia gana más dinero que Lorna. Es porque Julia trabaja ________________.

4 **Facilísimo** Rewrite each sentence, using absolute superlatives.

1. Javier y Esteban están muy cansados. ______________________
2. Tu padre es muy joven. ______________________
3. La profesora es muy inteligente. ______________________
4. Las clases son muy largas. ______________________
5. La madre de Irene está muy feliz. ______________________
6. Estoy muy aburrido. ______________________

5 **El más...** Answer the questions affirmatively with the words in parentheses.

modelo
El auto está sucísimo, ¿no? (ciudad)
Sí, es el más sucio de la ciudad.

1. Esos vestidos son carísimos, ¿no? (tienda)

____

2. El almacén Velasco es buenísimo, ¿no? (centro comercial)

____

3. La cama de tu madre es comodísima, ¿no? (casa)

____

4. Ángel y Julio están nerviosísimos por el examen, ¿no? (clase)

____

5. Sara es jovencísima, ¿no? (mis amigas)

____

6 **¿Más o menos?** Read the pairs of sentences. Then write a new sentence that compares the pairs.

modelo
Ese hotel tiene cien habitaciones. El otro hotel tiene cuarenta habitaciones.
Ese hotel tiene más habitaciones que el otro.

1. Guatemala tiene doce millones de habitantes. Puerto Rico tiene cuatro millones de habitantes.

____

2. Ramón compró tres corbatas. Roberto compró tres corbatas.

____

3. Yo comí un plato de pasta. Mi hermano comió dos platos de pasta.

____

4. Anabel durmió ocho horas. Amelia durmió ocho horas.

____

5. Mi primo toma seis clases. Mi amiga Tere toma ocho clases.

____

7 **Síntesis** Conduct a survey of several people about a recent experience they had at a restaurant.

- What did they order?
- Who served them?
- Did they prefer this restaurant to others they had eaten at before?
- What did their dining companions think?

Then, ask them to review the restaurant for you. Ask them to compare the service, the food, the prices, and the ambience of the restaurant to those of others.

- How does it compare to other restaurants in the city and to other restaurants of its type?
- Ask them about some restaurants you know. Do they know these restaurants? Do they know where they are located?

When you are finished with the survey, prepare a report of the restaurants in your area, comparing them on the basis of the data you collected. Use as many different types of comparisons and superlative phrases as possible in your report.

AVENTURAS EN LOS PAÍSES HISPANOS

Suramérica I

1 **El mapa** Fill in the blanks with the population and the name of the capital of each country.

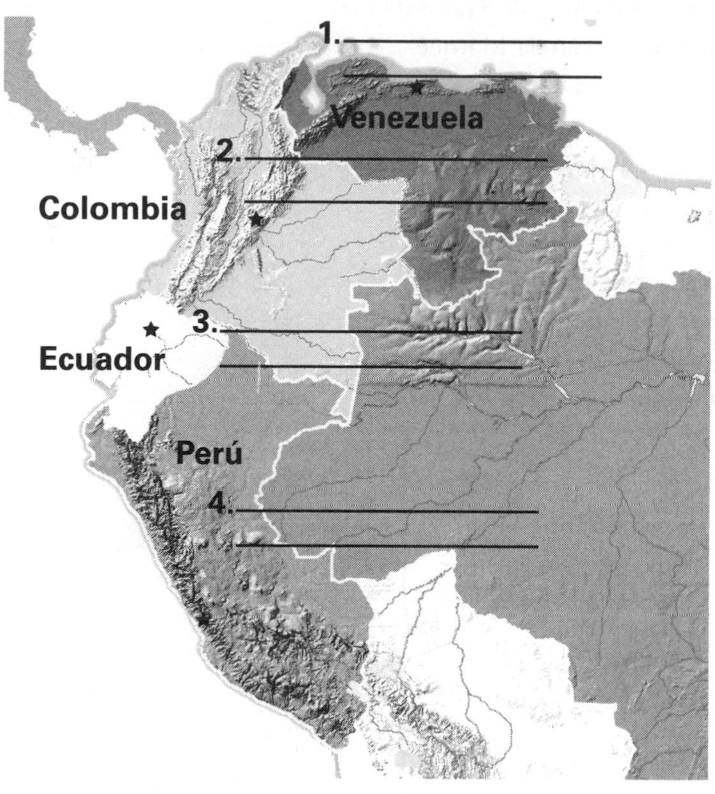

2 **¿De qué país es?** Write each of these words in the appropriate column in the chart.

bolívar	los Andes	El Salto Ángel	García Márquez
población indígena	Cartagena	tejidos	población: 26.011.000
área: 1.285.220 km^2	capital Bogotá	capital Lima	quechua
Canaima	lana de alpaca	dólar estadounidense	Barranquilla

Venezuela	Colombia	Ecuador	Perú

4 **Palabras cruzadas** (*crossed*) Write one letter on each blank. Then answer the final question, using the new word that is formed.

1. Ciudad sudamericana con 380.000 personas.
2. Nombre que los indígenas le dan al Parque nacional Canaima.
3. Las alpacas viven en rebaños en este lugar.
4. País sudamericano con un área de 912.050 km^2.
5. Estilo literario de Gabriel García Márquez.
6. Las alpacas hacen ésto para defenderse.
7. Capital de Venezuela.
8. Son de Ecuador y son famosos en todo el mundo por sus colores vivos.
9. El Salto Ángel es una.
10. Capital de Perú.
11. Lima tiene playas en este océano.
12. Río más caudaloso del mundo.
13. Moneda de Colombia.

Venezuela, Colombia, Ecuador y Perú son países ________________ .

3 **¡A viajar!** Imagine that you won a trip to Suramérica. Choose one of the countries described: **Venezuela, Colombia, Ecuador** or **Perú.** Write a paragraph explaining your reasons for choosing that country.

Quiero ir a ________________ porque...

____

____

____

____

____

____

Nombre ______________________ Fecha ______________________

REPASO Lecciones 5–8

1 **¿Son o están?** Form complete sentences using the words provided and **ser** or **estar.**

1. Paloma y Carlos / en la agencia de viajes.

____

2. Sus padres / del Perú.

____

3. Nosotros / alegres por el viaje a Lima.

____

4. Su primo / esperándolos en el aeropuerto.

____

5. Paloma / una turista amable.

____

1 **¿Te importa?** Complete the sentences with the correct reflexive pronoun and the form of the verb in parentheses.

1. (gustar) A nosotros ______________ la comida cubana.
2. (encantar) A mí ______________ los huevos fritos.
3. (molestar) A mi hermano ______________ el olor a pescado.
4. (importar) A Uds. no ______________ esperar un rato para sentarse, ¿no?
5. (fascinar) A ti ______________ los restaurantes franceses.
6. (faltar) A ellos ______________ tiempo para beber el café.

3 **Las vacaciones** Complete the paragraph with the correct preterite forms of the verbs in parentheses.

Ignacio y yo (ir) ______ (1) de viaje a Viña del Mar, en Chile. Nosotros ______ (2) (comprar) pasajes baratos varios meses atrás (*ago*). Yo ______ (3) (buscar) precios de pasajes para Chile en el Internet. Los padres de Ignacio ______ (4) (llegar) la semana pasada a Viña del Mar. Su padre ______ (5) (preferir) llegar antes que nosotros para regresar más temprano. El primer día, ellos ______ (6) (dormir) hasta tarde. Ignacio ______ (7) (ir) al hotel donde sus padres se ______ (8) (quedar). Su madre se ______ (9) (aburrir) un poco los primeros días. Pero después, ella se ______ (10) (interesar) más en la cultura local. Los padres de Ignacio ______ (11) (repetir) una y otra vez lo mucho que les ______ (12) (gustar) Viña del Mar. Nosotros ______ (13) (ir) a comer al restaurante del hotel y ______ (14) (pedir) machas a la parmesana, un plato típico de Chile. El camarero ______ (15) (servir) vino. La noche ______ (16) (ser) muy divertida.

Nombre ______________________ Fecha ______________________

Workbook

4 **No son éstos** Answer these questions negatively using demonstrative pronouns.

modelo

¿Les vas a prestar esos programas a ellos? (*those over there*)
No, les voy a prestar aquéllos.

1. ¿Me vas a vender esa pelota de fútbol? (*this one*)

____

2. ¿Van Uds. a mostrarle ese traje al cliente? (*that one over there*)

____

3. ¿Va a llevarles estas bolsas Marisol? (*those ones*)

____

4. ¿Les van a vender esos guantes a los estudiantes? (*these ones*)

____

5 **No, nada, nunca** Answer the questions negatively, using negative words.

1. ¿Llegó José con alguna amiga a la cena?

____

2. ¿Te enojaste con alguien en el restaurante?

____

3. ¿Les gustó la comida a los otros invitados?

____

4. ¿Siempre se van tan tarde de las fiestas Raúl y su esposa?

____

6 **La compra** Look at the photo and imagine everything that led up to the woman's purchase. What did she need? Why did she need it? What kind of weather is it for? Where did she decide to go buy it? Where did she go looking for it? Who helped her, and what did she ask them? Did she bargain with anyone? Was she undecided about anything? How did she pay for the purchase? Who did she pay? Answer these questions in a paragraph, using the preterite of the verbs that you know.

____

PREPARACIÓN

Lección 9

1 **Identificar** Label the following terms as **estado civil, fiesta,** or **etapa de la vida.**

1. casada ______________________
2. adolescencia ______________________
3. viudo ______________________
4. juventud ______________________
5. quinceañera ______________________
6. niñez ______________________
7. vejez ______________________
8. aniversario de bodas ______________________
9. divorciado ______________________
10. madurez ______________________
11. cumpleaños ______________________
12. soltera ______________________

2 **Las etapas de la vida** Label the stages of life on the timeline.

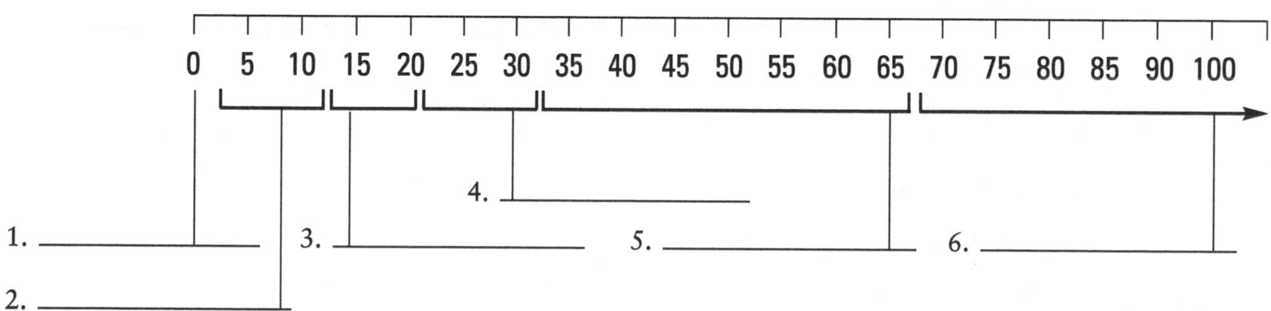

3 **Escribir** Fill in the blank with the stage of life in which these events would normally occur.

1. jubilarse ______________________
2. graduarse en la universidad ______________________
3. cumplir nueve años ______________________
4. conseguir el primer trabajo ______________________
5. graduarse en la escuela secundaria ______________________
6. morir o quedar viudo ______________________
7. casarse (por primera vez) ______________________
8. tener un hijo ______________________
9. celebrar el cincuenta aniversario de bodas ______________________
10. tener la primera cita ______________________

Workbook

4 **Información personal** Read the descriptions and answer the questions.

"Me llamo Jorge Rosas. Nací el 26 de enero de 1948. Mi esposa murió el año pasado. Tengo dos hijos: Marina y Daniel. Terminé mis estudios de sociología en la Universidad Interamericana en 1970. Me voy a jubilar este año. Voy a celebrar este evento con una botella de champán."

1. ¿Cuál es la fecha de nacimiento de Jorge? ______
2. ¿Cuál es el estado civil de Jorge? ______
3. ¿En qué etapa de la vida está Jorge? ______
4. ¿Cuándo es el cumpleaños de Jorge? ______
5. ¿Cuándo se graduó Jorge? ______
6. ¿Cómo va a celebrar la jubilación (*retirement*) Jorge? ______

"Soy Julia Jiménez. Nací en 1973. Me comprometí a los veinte años, pero rompí con mi novio antes de casarme. Ahora estoy saliendo con un músico cubano. Soy historiadora del arte desde que terminé mi carrera (*degree*) en la Universidad de Salamanca en 1995. Mi cumpleaños es el 11 de marzo. Mi postre favorito es el flan."

7. ¿Cuál es la fecha de nacimiento de Julia? ______
8. ¿Cuál es el estado civil de Julia? ______
9. ¿En qué etapa de la vida está Julia? ______
10. ¿Cuándo es el cumpleaños de Julia? ______
11. ¿Cuándo se graduó Julia? ______
12. ¿Cuál es el postre favorito de Julia? ______

"Me llamo Manuel Blanco y vivo en Caracas. Mi esposa y yo nos comprometimos a los veintiséis años, y la boda fue dos años después. Pasaron quince años y tuvimos tres hijos. Me gustan mucho los dulces."

13. ¿Dónde vive Manuel? ______
14. ¿En qué etapa de la vida se comprometió Manuel? ______
15. ¿A qué edad se casó Manuel? ______
16. ¿Cuál es el estado civil de Manuel? ______
17. ¿Cuántos hijos tiene Manuel? ______
18. ¿Qué le gusta comer a Manuel? ______

GRAMÁTICA

9.1 Irregular preterites

1 **¿Hay o hubo?** Complete these sentences with the correct tense of **haber**.

1. Ahora ______________ una fiesta de graduación en el patio de la universidad.
2. ______________ muchos invitados en la fiesta de aniversario anoche.
3. Ya ______________ una muerte en su familia el año pasado.
4. Siempre ______________galletas y dulces en esas conferencias.
5. ______________ varias botellas de vino, pero los invitados se las tomaron.
6. Por las mañanas ______________ unos postres deliciosos en esa tienda.

2 **¿Cómo fue?** Complete these sentences with the preterite of the verb in parentheses.

1. Cristina y Lara te (estar) ______________ buscando en la fiesta anoche.
2. (Yo) (Tener) ______________ un problema con mi pasaporte y lo pasé mal en la aduana.
3. Rafaela (venir) ______________ temprano a la fiesta y conoció a Humberto.
4. El padre de la novia (hacer) ______________ un brindis por los novios.
5. Tus padres (tener) ______________ un divorcio relativamente amistoso (*friendly*).
6. Román (poner) ______________ las maletas en el auto antes de salir.

3 **¿Qué hicieron?** Complete these sentences, using the preterite of **decir, conducir, traducir,** and **traer.**

1. Felipe y Silvia ______________ que no les gusta ir a la playa.
2. Claudia le ______________ unos papeles al inglés a su hermano.
3. David ______________ su motocicleta nueva durante el fin de semana.
4. Rosario y Pepe me ______________ un pastel de cumpleaños de regalo.
5. Cristina y yo les ______________ a nuestras amigas que vamos a bailar.
6. Cuando fuiste a Guatemala, (tú) nos ______________ regalos.

4 **Es mejor dar...** Rewrite these sentences in the preterite tense.

1. Antonio le da un beso a su madre.

____

2. Los invitados le dan las gracias a la familia.

____

3. Tú les das una sorpresa a tus padres.

____

4. Rosa y yo le damos una sorpresa al profesor.

____

Workbook

5 **El pasado** Create sentences using the elements provided. Use the preterite tense of the verbs.

1. Rosalía / hacer / galletas

2. Mi tía / estar / en el Perú

3. (Yo) / venir / a este lugar

4. Rita y Sara / decir / la verdad

5. Uds. / poner / la televisión

6. Ellos / producir / una película

7. (Nosotras) / traer / una cámara

8. (Tú) / tener / un examen

6 **Ya lo hizo** Answer the questions negatively, indicating that the action has already occurred. Use the verbs in parentheses.

modelo

¿Quiere Pepe cenar en el restaurante japonés? (restaurante mexicano)
No, ya Pepe cenó en el restaurante mexicano.

1. ¿Vas a estar en la biblioteca hoy? (ayer)

2. ¿Quieren dar una fiesta Elena y Miguel este fin de semana? (el sábado pasado)

3. ¿Debe la profesora traducir esa novela este semestre? (el año pasado)

4. ¿Va a haber un pastel de limón en la cena de hoy? (anoche)

5. ¿Deseas poner los abrigos en la silla? (sobre la cama)

6. ¿Van Uds. a tener un hijo? (tres hijos)

9.2 Verbs that change meaning in the preterite

1 **¿No pudo o no quiso?** Complete these sentences with the preterite tense of the verbs in parentheses.

1. (poder) Liliana no ______ llegar a la fiesta de cumpleaños de Esteban.
2. (conocer) Las chicas ______ a muchos estudiantes en la biblioteca.
3. (querer) Raúl y Marta no ______ invitar al padre de Raúl a la boda.
4. (saber) Lina ______ ayer que sus tíos se van a divorciar.
5. (poder) (Nosotros) ______ regalarle una bicicleta a Marina.
6. (querer) María ______ cortar con su novio antes del verano.

2 **Traducir** Use these verbs to write sentences in Spanish.

poder	conocer
saber	querer

1. I failed to finish the book on Wednesday.

______

2. Inés found out last week that Vicente is divorced.

______

3. Her girlfriends tried to call her, but they failed to.

______

4. Susana met Alberto's parents last night.

______

5. The waiters managed to serve dinner at eight.

______

6. Your mother refused to go to your brother's house.

______

3 **Raquel y Ronaldo** Complete the paragraph with the preterite of the verbs in the word bank.

poder	conocer
saber	querer

El año pasado Raquel ______ (1) al muchacho que ahora es su esposo, Ronaldo. Primero, Raquel no ______ (2) salir con él porque él vivía (*was living*) en una ciudad muy lejos de ella. Ronaldo ______ (3) convencerla durante muchos meses, pero no ______ (4) hacerlo. Finalmente, Raquel decidió darle una oportunidad a Ronaldo. Cuando empezaron a salir, Raquel y Ronaldo ______ (5) inmediatamente que eran el uno para el otro (*they were made for each other*). Raquel y Ronaldo ______ (6) comprar una casa en la misma ciudad y se casaron ese verano.

9.3 Relative pronouns

1 **Relativamente** Complete the sentences with **que, quien**, or **quienes**.

1. La chica con ______ quiero ir a la fiesta se llama Luisa.
2. Julio es la persona ______ está planeando la fiesta.
3. Los amigos a ______ conozco de la escuela van a ir a la fiesta.
4. María es la chica ______ cumple quince años.
5. La fiesta ______ está planeando Julio es una quinceañera.
6. La ropa ______ quiero usar en la fiesta es muy elegante.
7. Los amigos con ______ voy a la fiesta son muy divertidos.
8. Luisa es la única amiga ______ no sé si va a ir a la fiesta.

2 **Fiesta sorpresa** Answer the questions using the words in parentheses.

modelo

¿Qué es lo que está pasando aquí? (fiesta sorpresa)
Lo que está pasando aquí es una fiesta sorpresa.

1. ¿Qué es lo que celebramos? (el cumpleaños de tu hermana)

______

2. ¿Qué es lo que llevas de ropa? (vestido nuevo)

______

3. ¿Qué es lo que tiene esa caja grande? (un regalo para tu hermana)

______

4. ¿Qué es lo que estás comiendo? (pastel de chocolate)

______

5. ¿Qué es lo que bailan los invitados? (salsa)

______

6. ¿Qué es lo que beben los tíos Ana y Mauricio? (vino)

______

3 **¿Que o lo que?** Complete the sentences with **que** or **lo que**.

1. El pastel de cumpleaños ______ me trajo mi abuela es delicioso.
2. ______ más le gusta a mi abuela es celebrar los cumpleaños de sus nietos.
3. Las fiestas ______ organiza mi abuela son muy divertidas.
4. En sus fiestas todos nos reímos mucho, eso es ______ nos encanta de sus fiestas.

Nombre ______________________ Fecha ______________________

Workbook

4 **Pronombres relativos** Complete the sentences with **que, quien, quienes,** or **lo que**.

1. Los vecinos ______________________ viven frente a mi casa nos invitaron a una fiesta muy elegante.
2. ______________________ están celebrando es su aniversario de bodas.
3. Aurora y Ana, ______________________ son mis amigas de la escuela, van a ir también a la fiesta.
4. La fiesta ______________________ están organizando va a ser muy divertida.
5. Marcela y Luis, ______________________ son nuestros vecinos también, están haciendo la comida.
6. Yo puedo usar el carro de mi hermano, a ______________________ le regalaron uno en Navidad.

5 **Mi amiga Natalia** Complete the paragraph with **que, quien, quienes,** or **lo que.**

Natalia, ______(1)______ es mi amiga, tiene una gran idea. Natalia es la amiga ______(2)______ más quiero de todas. ______(3)______ Natalia pensó es hacer una gran fiesta de Navidad con toda su familia. Su papá, a ______(4)______ ella quiere mucho, va a ayudarla con la fiesta. La fiesta ______(5)______ Natalia y su papá quieren hacer va a ser una fiesta muy especial. Natalia ______(6)______ es muy organizada, ya tiene una lista de todas las cosas que tiene que hacer. Tiene dos amigas con ______(7)______ va a ir de compras. Ella también tiene que estudiar para sus exámenes finales, ______(8)______ es muy importante. Pero sus amigas, ______(9)______ no tenemos exámenes finales, la estamos ayudando. Además dos amigos de su padre, a ______(10)______ Natalia llama tíos, también le están ayudando. Todos los miembros de su familia, ______(11)______ son los invitados van a pasarla muy bien. ¡______(12)______ Natalia necesita de regalo de Navidad son unas vacaciones!

6 **Una fiesta** Write a paragraph about a party. Be sure to use **que, lo que, quien** and **quienes.**

____

____

____

____

____

____

____

____

____

____

Workbook

9.4 ¿Qué? and ¿cuál?

1 **¿Qué o cuál?** Complete these sentences with **qué, cuál,** or **cuáles.**

1. ¿______________________ estás haciendo ahora?
2. ¿______________________ gafas te gustan más?
3. ¿______________________ prefieres, el vestido largo o el corto?
4. ¿Sabes ______________________ es mi disco favorito de éstos?
5. ¿______________________ es un departamento de hacienda?
6. ¿______________________ trajiste, las de banana o las de limón?
7. ¿______________________ auto compraste este año?
8. ¿______________________ es la tienda más elegante del centro?

2 **Muchas preguntas** Complete the sentences with interrogative words or phrases.

1. ¿______________________ de esas muchachas es tu novia?
2. ¿______________________ es una vendetta?
3. ¿______________________ años cumple tu mamá este año?
4. ¿______________________ pusiste las fotos de la boda?
5. ¿______________________ te dijo esa mentira?
6. ¿______________________ te regalaron ese vestido tan hermoso?
7. ¿______________________ empieza el partido de tenis?
8. ¿______________________ de estos dulces te gustan más?
9. ¿______________________ pudiste terminar la tarea esa noche?
10. ¿______________________ te llevó tu esposo para celebrar el aniversario?

3 **¿Cuál es la pregunta?** Write questions that correspond to these responses. Use each word or phrase from the word bank only once.

¿a qué hora?	¿dónde?	¿cuáles?	¿cuántos?	¿qué?
¿adónde?	¿cuál?	¿cuándo?	¿de dónde?	¿quién?

1. ____

La camisa que más me gusta es ésa.

2. ____

Hoy quiero descansar durante el día.

3. ____

Mi profesora de matemáticas es la Sra. Aponte.

4. ______________________
Soy de Buenos Aires, Argentina.

5. ______________________
Mis gafas favoritas son las azules.

6. ______________________
El pastel de cumpleaños está en el refrigerador.

7. ______________________
La fiesta sorpresa empieza a las ocho en punto de la noche.

8. ______________________
El restaurante cierra los lunes.

9. ______________________
Hay ciento cincuenta invitados en la lista.

10. ______________________
Vamos a la fiesta de cumpleaños de Inés.

4 **Síntesis** Research the life of a famous person who has had a stormy personal life, such as Elizabeth Taylor or Henry VIII. Write a brief biography of the person, including the following information:

- When was the person born?
- What was that person's childhood like?
- With whom did the person fall in love?
- Who did the person marry?
- Did he or she have children?
- Did the person get divorced?
- Did the person go to school, and did he or she graduate?
- How did his or her career or lifestyle vary as the person went through different stages in life?

Nombre ______________________ Fecha ______________________

PREPARACIÓN

Lección 10

Workbook

1 El cuerpo humano Label the parts of the body.

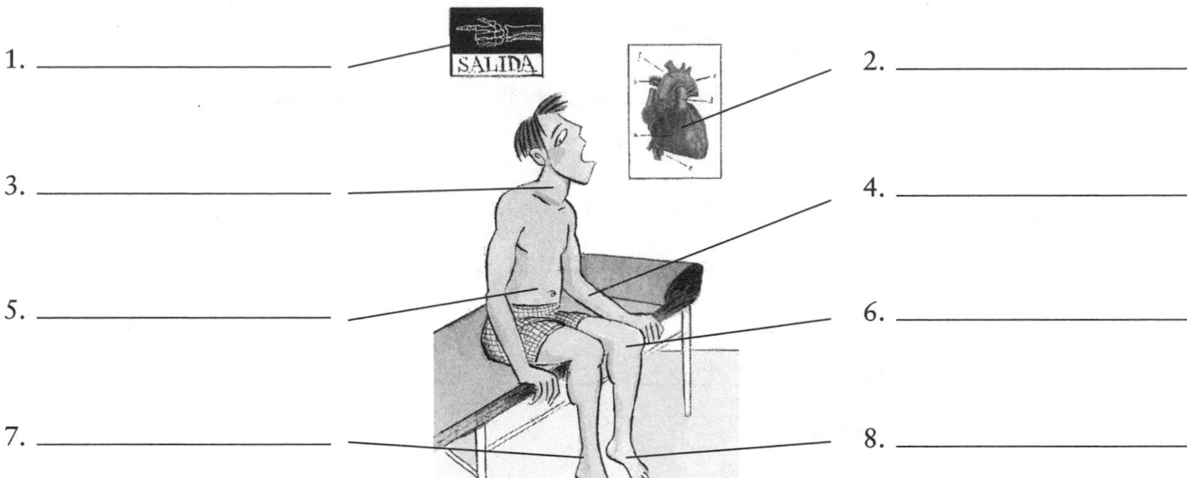

1. ______________________ 2. ______________________

3. ______________________ 4. ______________________

5. ______________________ 6. ______________________

7. ______________________ 8. ______________________

2 ¿Adónde vas? Fill in the blanks with the place that matches each description.

el consultorio	la clínica	la farmacia
el dentista	el hospital	la sala de emergencia

1. tienes que comprar aspirina ______________________
2. tienes un dolor de muelas ______________________
3. te rompes una pierna ______________________
4. te debes hacer un examen médico ______________________
5. te van a hacer una operación ______________________
6. te van a poner una inyección ______________________

3 Las categorías List these terms under the appropriate category.

fiebre	infección	congestionado
receta	operación	antibiótico
resfriado	tos	tomar la temperatura
pastilla	estornudos	aspirina
dolor de cabeza	gripe	poner una inyección
radiografía		

Síntoma: ______________________

Enfermedad: ______________________

Diagnóstico: ______________________

Tratamiento (*Treatment*): ______________________

Nombre ______________________ Fecha ______________________

Workbook

4 **Oraciones completas** Complete the sentences with the correct words.

alérgica	caerse	hueso	radiografía
síntomas	infección	receta	farmacia
lastimó	fiebre	embarazada	salud

1. La Sra. Gandía va a tener un hijo en septiembre. Está ______________________.
2. Manuel tiene la temperatura muy alta. Tiene ______________________.
3. Rosita tiene un dolor de garganta. Debe tener una ______________________.
4. A Pedro le cayó una mesa en el pie. El pie se le ______________________.
5. Mi tía estornuda mucho durante la primavera. Es ______________________ al polen.
6. Tienes que llevar la ______________________ a la farmacia para que te vendan (*in order for them to sell you*) la medicina.
7. Le tomaron una ______________________ de la pierna para ver si se le rompió.
8. Los ______________________ de un resfriado son los estornudos y la tos.

5 **Doctora y paciente** Choose the logical sentences to complete the dialogue.

DOCTORA ¿Qué síntomas tienes?

PACIENTE ______________________
a. Tengo tos y me duele la cabeza.
b. Soy muy saludable.
c. Me recetaron un antibiótico.

DOCTORA ______________________
a. ¿Cuándo fue el accidente?
b. ¿Te dio fiebre ayer?
c. ¿Dónde está la sala de emergencia?

PACIENTE ______________________
a. Fue a la farmacia.
b. Me torcí el tobillo.
c. Sí, mi esposa me tomó la temperatura.

DOCTORA ______________________
a. ¿Estás muy congestionado?
b. ¿Estás embarazada?
c. ¿Te duele una muela?

PACIENTE ______________________
a. Sí, me hicieron una operación.
b. Sí, estoy mareado.
c. Sí, y también me duele la garganta.

DOCTORA ______________________
a. Tienes que ir al consultorio.
b. Es una infección de garganta.
c. La farmacia está muy cerca.

PACIENTE ______________________
a. ¿Tengo que tomar un antibiótico?
b. ¿Debo ir al dentista?
c. ¿Qué indican las radiografías?

DOCTORA ______________________
a. Sí, eres alérgico.
b. Sí, te lastimaste el pie.
c. Sí, ahora te lo voy a recetar.

GRAMÁTICA

10.1 The imperfect tense

1 **El imperfecto** Complete the sentences with the correct forms of the verbs in parentheses.

1. (cenar) Antes, la familia Álvarez ______ a las ocho de la noche.
2. (cantar) De niña, yo ______ en el Coro de Niños de San Juan.
3. (recorrer) Cuando vivían en la costa, Uds. ______ la playa por las mañanas.
4. (jugar) Mis hermanas y yo ______ en un equipo de béisbol.
5. (tener) La novia de Raúl ______ el pelo rubio en ese tiempo.
6. (escribir) Antes de tener la computadora, (tú) ______ a mano (*by hand*).
7. (creer) (Nosotros) ______ que el concierto era el miércoles.
8. (buscar) Mientras ellos lo ______ en su casa, él se fue a la universidad.

2 **Oraciones imperfectas** Create sentences with the elements provided. Use the correct imperfect tense forms of the verbs.

1. mi abuela / ser / muy trabajadora y amable

______

2. tú / ir / al teatro / cuando vivías en Nueva York

______

3. ayer / haber / muchísimos pacientes en el consultorio

______

4. (nosotros) / ver / tu casa desde allí

______

5. ser / las cinco de la tarde / cuando llegamos a San José

______

6. ella / estar / muy nerviosa durante la operación

______

3 **No, pero antes...** Answer the questions negatively, using the imperfect tense.

modelo

¿Juega Daniel al fútbol?
No, pero antes jugaba.

1. ¿Hablas por teléfono? ______
2. ¿Fue a la playa Susana? ______
3. ¿Come carne Benito? ______
4. ¿Te trajo tu novio? ______
5. ¿Conduce tu mamá? ______

Nombre ____________________ Fecha ____________________

Workbook

4 **¿Qué hacían?** Write sentences that say what the people in the drawings were doing yesterday at three o'clock in the afternoon. Use the subjects provided.

1. Tú

2. Rolando

3. Pablo y Elena

4. Lilia y yo

5 **Antes y ahora** Javier is thinking about his childhood—how things were then and how they are now. Write two sentences saying what Javier used to do and what he does now.

modelo

vivir en casa / vivir en la residencia estudiantil
Antes vivía en casa.
Ahora vivo en la residencia estudiantil.

1. jugar al fútbol con mis hermanos / jugar en el equipo de la universidad

2. escribir las cartas a mano / escribir mensajes electrónicos en la computadora

3. ser rubio y gordito (*chubby*) / ser moreno y delgado

4. tener a mi familia cerca / tener a mi familia lejos

5. estudiar en mi habitación / estudiar en la biblioteca

6. conocer a las personas de mi pueblo / conocer personas de todo el (*the whole*) país

Nombre ______________________ Fecha ______________________

10.2 Constructions with se

1 **¿Qué se hace?** Complete the sentences with verbs from the word bank. Use impersonal constructions with **se.**

servir	hablar	vender
poder	recetar	vivir

1. En Costa Rica ______________________ español.
2. En las librerías ______________________ libros y revistas.
3. En los restaurantes ______________________ comida.
4. En los consultorios ______________________ medicinas.
5. En el campo ______________________ muy bien.
6. En el mar ______________________ nadar y pescar.

2 **Los anuncios** Write advertisements or signs for the situations described. Use impersonal constructions with **se.**

1. "Está prohibido fumar".

2. "Vendemos periódicos".

3. "Hablamos español".

4. "Necesitamos enfermeras".

5. "No debes nadar".

6. "Estamos buscando un auto usado".

3 **Pronombres** Complete the sentences with the correct indirect object pronouns.

1. Se ______________________ perdieron las maletas a Roberto.
2. A mis hermanas se ______________________ cayó la mesa.
3. A ti se ______________________ olvidó venir a buscarme ayer.
4. Se ______________________ quedó la ropa nueva en mi casa a Uds.
5. A las tías de Ana se ______________________ rompieron los vasos.
6. A Isabel se ______________________ dañó la ropa blanca.

Workbook

4

El verbo correcto Choose the correct form of the verb in parentheses, then rewrite each sentence.

1. A Marina se le (cayó, cayeron) la bolsa.

2. A ti se te (olvidó, olvidaron) comprarme la medicina.

3. A nosotros se nos (quedó, quedaron) los libros en el auto.

4. A Ramón y a Pedro se les (dañó, dañaron) el proyecto.

5

Eso pasó Create sentences using the elements provided and impersonal constructions with **se**. Use the preterite tense of the verbs.

modelo

(a Raquel) / olvidar / comer antes de salir
Se le olvidó comer antes de salir.

1. (a tu hermana) / perder / las llaves del auto

2. (a Uds.) / olvidar / ponerse las inyecciones

3. (a ti) / caer / los papeles del médico

4. (a Marcos) / romper / la pierna cuando esquiaba

5. (a mí) / dañar / la cámara durante el viaje

6

¿Qué pasó? Answer the questions, using the phrases in parentheses.

modelo

¿Qué le pasó a Roberto? (quedar los libros en casa)
Se le quedaron los libros en casa.

1. ¿Qué les pasó a Pilar y a Luis? (dañar el coche)

2. ¿Qué les pasó a los padres de Sara? (romper la botella de vino)

3. ¿Qué te pasó a ti? (perder las llaves de la casa)

4. ¿Qué les pasó a Uds.? (quedar las toallas en la playa)

5. ¿Qué le pasó a Hugo? (olvidar estudiar para el examen)

Nombre ______________________ Fecha ______________________

10.3 Adverbs

1 **Adjetivos y adverbios** Complete the sentences by changing the adjectives in the first sentences into adverbs in the second.

1. Los conductores son lentos. Conducen ______________________.
2. Esa doctora es amable. Siempre nos saluda ______________________.
3. Los autobuses de mi ciudad son frecuentes. Pasan por la parada ______________________.
4. Rosa y Julia son chicas muy alegres. Les encanta bailar y cantar ______________________.
5. Mario y tú hablan un español perfecto. Hablan español ______________________.
6. Los pacientes visitan al doctor de manera constante. Lo visitan ______________________.
7. Llegar tarde es normal para David. Llega tarde ______________________.
8. Me gusta trabajar de manera independiente. Trabajo ______________________.

2 **Adverbios** Complete the sentences with adverbs and adverbial expressions from the word bank. Use each term once.

pronto	a tiempo
bastante	a menudo
por lo menos	casi

1. Tito no es un niño muy sano. Se enferma ______________________.
2. El Dr. Garrido es muy puntual. Siempre llega al consultorio ______________________.
3. Mi madre visita al doctor con frecuencia. Se chequea ______________________ una vez cada año.
4. Fui al doctor el año pasado. Tengo que volver ______________________.
5. Llegué tarde al autobús, y ______________________ tuve que ir al centro caminando.
6. El examen fue ______________________ difícil.

3 **Más adverbios** Complete the sentences with the adverbs or adverbial phrases that correspond to the words in parentheses.

1. Llegaron temprano al concierto; (*thus*) ______________________, consiguieron asientos muy buenos.
2. El accidente fue (*rather*) ______________________ grave, pero al conductor no se le rompió ningún hueso.
3. Irene y Vicente van a comer (*less*) ______________________ porque quieren estar más delgados.
4. Silvia y David (*almost*) ______________________ se cayeron de la motocicleta cerca de su casa.
5. Para aprobar (*pass*) el examen, tienes que contestar (*at least*) ______________________ el 75% de las preguntas.
6. Mi mamá (*sometimes*) ______________________ se tuerce el tobillo cuando camina mucho.

Nombre ______________________ Fecha ______________________

Workbook

4 **¿Adjetivo o adverbio?** Choose the correct adjective or adverb from those in parentheses. Then write the complete sentence.

1. Es importante conducir (inteligente, inteligentemente).

____

2. No existe una cura (real, realmente) para el cáncer.

____

3. El agua del río (*river*) corría (tranquila, tranquilamente).

____

4. Germán tiene unos dibujos (maravillosos, maravillosamente).

____

5. Claudia y Elena son personas (felices, felizmente).

____

6. Miguel y Ana se conocieron (gradual, gradualmente).

____

7. La comida y el agua son necesidades (básicas, básicamente).

____

8. Los antibióticos son (enormes, enormemente) importantes en la medicina.

____

5 **De vez en cuando** Answer the questions, using the adverbs or adverbial phrases in parentheses. Do not repeat the subject in the answer.

modelo

¿Va Enrique a la playa siempre? (*sometimes*)
No, va a la playa a veces.

1. ¿Van al cine con frecuencia Vicente y Juan Carlos? (*seldom*)

____

2. ¿Llegaron Natalia y Francisco a la cena? (*on time*)

____

3. ¿Comías en el restaurante japonés? (*a lot*)

____

4. ¿Estudiaste para el examen de historia? (*enough*)

____

5. ¿Comen carne Ricardo y Teresa? (*hardly*)

____

6. ¿Se enferma a menudo tu hermano? (*from time to time*)

____

Nombre ______________________ Fecha ______________________

Workbook

AVENTURAS EN LOS PAÍSES HISPANOS

Suramérica II

1 **El mapa** Answer the questions in the map with complete sentences.

2 **Palabras desordenadas** Unscramble the words about **Argentina, Chile, Uruguay, Paraguay** and **Bolivia,** using the clues.

1. ODNETOVEMI ______________
   (capital de Uruguay)
2. SANACFIRA ______________
   (una de las raíces del tango)
3. TOORVPOAVCI ______________
   (una característica del tango en un principio)
4. ÚIAUZG ______________
   (cataratas que se forman en la frontera entre Brasil, Argentina y Paraguay)
5. UTAORPOERE ______________
   (está a una altitud de 3.600 metros en La Paz)
6. ILRARADLAP ______________
   (uno de los platos más conocidos en Uruguay y Argentina)
7. AGÍRNUA ______________
   (la moneda que se usa en Paraguay)
8. AZALACBA ______________
   (el material que se usa para hacer la taza en donde se bebe mate)
9. IOENVRNI ______________
   (tipo de deportes que son el esquí y el snowboard)
10. YAGPUARA ______________
    (río que es el principal afluente del río Paraná)

Nombre ______________________ Fecha ______________________

3 **Palabras cruzadas** *(crossed)* Write a description of each of the words that are formed horizontally. Then, write a question that corresponds to the word that is formed vertically in bold letters.

1. ______________________
2. ______________________
3. ______________________
4. ______________________
5. ______________________
6. ______________________
7. ______________________
8. ______________________
9. ______________________
10. ______________________

¿______________________?

						M	e	n	d	o	z	a	
					b	**o**	m	b	i	l	l	a	
		P	a	r	a	**n**	á						
			s	u	b	**t**	r	o	p	i	c	a	l
s	o	r	o	c	h	**e**							
		B	o	l	i	**v**	i	a					
		P	o	r	t	**i**	l	l	o				
l	u	n	f	a	r	**d**	o						
	g	a	n	a	d	**e**	r	í	a				
		B	u	e	n	**o**	s		A	i	r	e	s

4 **¿Qué se hace?** Read each statement and choose the more logical response.

1. En Chile se practican ___
2. El malestar que provoca la altura de La Paz se conoce ___
3. En Argentina se baila ___
4. En la capital más alta del mundo se habla ___
5. En Uruguay y en Argentina se come ___
6. En el país de Paraguay se visitan ___
7. La moneda que se usa en Paraguay es ___
8. En Uruguay y Argentina se bebe ___

a. la lengua llamada aimará.
b. como *soroche*.
c. mate con un popote metálico.
d. las famosas cataratas de Iguazú.
e. el guaraní.
f. deportes de invierno.
g. tango, baile de raíces africanas y europeas.
h. asado, parrillada y chivito.

PREPARACIÓN

Lección 11

1 **La tecnología** Fill in the blanks with the correct terms.

1. Para multiplicar y dividir puedes usar ______________________.
2. Para hacer videos de tu familia puedes usar ______________________.
3. Cuando vas a un sitio Web, lo primero (*the first thing*) que ves es ______________________.
4. Cuando no estás en casa y alguien te llama, te deja un mensaje en ______________________.
5. La red de computadoras y servidores más importante del mundo es ______________________.
6. Para poder ver muchos programas distintos, tienes que tener ______________________.

2 **Eso hacían** Match a subject from the word bank to each verb phrase. Then write complete sentences for the pairs using the imperfect.

la impresora nueva	el mecánico de Jorge	el auto viejo
el teléfono celular	algunos jóvenes estadounidenses	el conductor del autobús

1. manejar lentamente por la nieve
____
2. imprimir los documentos muy rápido
____
3. revisarle el aceite al auto todos los meses
____
4. sonar en la casa pero nadie cogerlo
____
5. no arrancar cuando llover
____
6. navegar en el Internet de niños
____

3 **La computadora** Label the drawing with the correct terms.

1. ______________________
2. ______________________
3. ______________________
4. ______________________

5. ______________________
6. ______________________
7. ______________________
8. ______________________

4 **Preguntas** Answer the questions with complete sentences.

1. ¿Para qué se usa la impresora?

____

2. ¿Para qué se usan los frenos del coche?

____

3. ¿Qué se usa para enviar documentos?

____

4. ¿Qué se usa para manejar el carro?

____

5. ¿Qué se usa para navegar en el Internet?

____

6. ¿Para qué se usan las llaves del carro?

____

5 **Mi primer día manejando** Complete the paragraph with terms from the word bank using the appropriate tense of each verb.

multa	mujer policía	subir	arrancar
camino	parar	chocar	lento
lleno	aceite	velocidad máxima	estacionar
licencia de conducir	tráfico	calle	

Después de dos examenes, conseguí mi ________(1)________ para poder manejar legalmente por primera vez. Estaba muy emocionado cuando ________(2)________ al carro de mi papá. El tanque estaba ________(3)________, el ________(4)________ lo revisaron el día anterior, y el carro y yo estábamos listos para ________(5)________. Primero salí por el ________(6)________ en donde está mi casa. Luego llegué a una ________(7)________ principal, donde había mucha gente y el ________(8)________ era más pesado (*heavy*). Se me olvidó ________(9)________ en el semáforo, que estaba amarillo, y casi ________(10)________ con un autobús. La ________(11)________ era de 40 millas por hora, pero yo estaba tan nervioso que iba mucho más ________(12)________, a 10 millas por hora. Vi a una ________(13)________ en su motocicleta y tuve miedo. ¡No quería una ________(14)________ en mi primer día de conducir! Por eso volví a casa y ________(15)________ el carro en la calle. ¡Qué aventura!

GRAMÁTICA

11.1 The preterite and the imperfect

1 **¿Pretérito o imperfecto?** Complete the sentences correctly with imperfect or preterite forms of the verbs in parentheses.

1. (escribir) Claudia ________________ un mensaje por Internet cuando la llamó Miguel.
2. (chocar) El conductor estacionaba su auto cuando ________________ conmigo.
3. (cambiar) Mariela cruzaba la calle cuando el semáforo ________________ a verde.
4. (estar) (Yo) ________________ mirando la televisión cuando llegaron mis hermanos.
5. (revisar) Mientras el mecánico ________________ el aceite, yo entré a comprar una soda.
6. (quedarse) Tú ________________ en el auto mientras Rolando llenaba el tanque.
7. (leer) Cuando Sandra llegó al café, Luis ________________ el periódico.
8. (funcionar) Antes el auto no ________________, pero ayer el mecánico lo arregló.

2 **De niño y ayer** Complete each pair of sentences by using the imperfect and preterite forms of the verbs in parentheses.

(bailar)

1. Cuando era pequeña, Sara ________________ ballet todos los lunes y miércoles.
2. Ayer Sara ________________ ballet en el recital de la universidad.

(escribir)

3. Esta mañana, (yo) le ________________ un mensaje instantáneo a mi papá.
4. Antes (yo) le ________________ mensajes por correo electrónico.

(ser)

5. El novio de María ________________ guapo, inteligente y simpático.
6. El viaje de novios ________________ una experiencia inolvidable (*unforgettable*).

(haber)

7. ________________ una fiesta en casa de Maritere el viernes pasado.
8. Cuando llegamos a la fiesta, ________________ mucha gente.

(ver)

9. El lunes ________________ a mi prima Lisa en el centro comercial.
10. De niña, yo ________________ a Lisa todos los días.

Nombre ______________________ Fecha ______________________

Workbook

3 **¿Qué pasaba?** Look at the drawings, then complete the sentences, using the preterite or imperfect.

1. Cuando llegué a casa anoche, las niñas ______________________.

2. Cuando empezó a llover, Sara ______________________.

3. Antes de irse de vacaciones, la Sra. García ______________________.

4. Cada vez que lo veíamos, Raúl ______________________.

4 **El pasado** Decide whether the verbs in parentheses should be in the preterite or the imperfect. Then rewrite the sentences.

1. Ayer Clara (ir) a casa de sus primos, (saludar) a su tía y (comer) con ellos.

____

2. Cuando Manuel (vivir) en Buenos Aires, (conducir) mucho todos los días.

____

3. Mientras Carlos (leer) las traducciones (*translations*), Blanca (traducir) otros textos.

____

4. El doctor (terminar) el examen médico y me (recetar) un antibiótico.

____

5. La niña (tener) ocho años y (ser) inteligente y alegre.

____

6. Rafael (cerrar) todos los programas, (apagar) la computadora y (irse).

____

Nombre ______________________ Fecha ______________________

Workbook

5 **¡Qué diferencia!** Complete this paragraph with the preterite or the imperfect of the verbs in parentheses.

La semana pasada (yo) (llegar) ________(1)________ a la universidad y me di cuenta (*realized*) de que este año va a ser muy diferente a los anteriores. Todos los años Laura y yo (vivir) ________(2)________ con Regina, pero la semana pasada (nosotras) (conocer) ________(3)________ a nuestra nueva compañera de cuarto, Gisela. Antes Laura, Regina y yo (tener) ________(4)________ un apartamento muy pequeño, pero al llegar la semana pasada, (nosotras) (ver) ________(5)________ el apartamento nuevo: es enorme y tiene mucha luz. Antes de vivir con Gisela, Laura y yo no (poder) ________(6)________ leer el correo electrónico desde la casa, pero ayer Gisela (conectar) ________(7)________ su computadora al Internet y todas (leer) ________(8)________ nuestros mensajes. Antes (nosotras) siempre (caminar) ________(9)________ hasta la biblioteca para ver el correo, pero anoche Gisela nos (decir) ________(10)________ que podemos compartir su computadora. ¡Qué diferencia!

6 **¿Dónde estabas?** Write questions and answers with the words provided. Ask where these people were when something happened.

modelo

Elena ⟶ Ricardo / salir a bailar // cuarto / dormir la siesta

¿Dónde estaba Elena cuando Ricardo salió a bailar?

Elena estaba en el cuarto. Dormía la siesta.

1. María ⟶ (yo) / llamar por teléfono // cocina / lavar los platos

____

____

2. (tú) ⟶ Teresa y yo / ir al cine // casa / leer una revista

____

____

3. tu hermano ⟶ empezar a llover // calle / montar en bicicleta

____

____

4. Uds. ⟶ Luisa / venir a casa // estadio / jugar al fútbol

____

____

5. Ana y Pepe ⟶ (tú) / saludarlos // supermercado / hacer las compras

____

____

Nombre ____________________ Fecha ____________________

Workbook

7 **El diario de Laura** Laura has just found a page from her old diary. Rewrite the page in the past tense, using the preterite and imperfect forms of the verbs as appropriate.

Querido diario:

Estoy pasando el verano en Córdoba, y es un lugar muy divertido. Salgo con mis amigas todas las noches hasta tarde. Bailo con nuestros amigos y nos divertimos mucho. Durante la semana trabajo: doy clases de inglés. Los estudiantes son alegres y se interesan mucho por aprender. El día de Navidad conocí a un chico muy simpático que se llama Francisco. Me llamó al día siguiente (*next*) y nos vemos todos los días. Me siento enamorada de él. Creo que va a venir a Boston para estar conmigo. Tenemos que buscar trabajo allí, pero estamos muy emocionados.

Laura

____

____

____

____

____

____

____

____

____

____

8 **Pretérito e imperfecto** Rewrite the paragraph, using the preterite or imperfect forms of the verbs in parentheses as appropriate.

Ayer mi hermana y yo (ir) a la playa. Cuando llegamos, (ser) un día despejado con mucho sol, y nosotras (estar) muy contentas. A las doce (comer) unos sándwiches de almuerzo. Los sándwiches (ser) de jamón y queso. Luego (descansar) y entonces (nadar) en el mar. Mientras (nadar), (ver) a las personas que (practicar) el esquí acuático. (Parecer) muy divertido, así que (decidir) probarlo. Mi hermana (ir) primero, mientras yo la (mirar). Luego (ser) mi turno. Las dos (divertirse) mucho esa tarde.

____

____

____

____

____

____

____

____

Nombre ______________________ Fecha ______________________

11.2 Por and para

1 **Para esto o por aquello** Complete the sentences with **por** or **para** as appropriate.

1. Pudieron terminar el trabajo ______________ haber empezado (*having begun*) a tiempo.
2. Ese *fax* es ______________ enviar y recibir documentos de la compañía.
3. Elsa vivió en esa ciudad ______________ algunos meses hace diez años.
4. Mi mamá compró esta computadora portátil ______________ mi papá.
5. Sales ______________ la Argentina mañana a las ocho y media.
6. Rosaura cambió la blusa blanca ______________ la blusa rosada.
7. El Sr. López necesita el informe ______________ el 2 de agosto.
8. Estuve estudiando toda la noche ______________ el examen.
9. Los turistas fueron de excursión ______________ las montañas.
10. Mis amigos siempre me escriben ______________ correo electrónico.

2 **Por muchas razones** Complete the sentences with the expressions in the word bank.

por aquí	por eso
por ejemplo	por fin

1. Ramón y Sara no pudieron ir a la fiesta anoche; ______________ no los viste.
2. Buscaron el vestido perfecto por mucho tiempo, y ______________ lo encontraron en esa tienda.
3. Creo que va a ser difícil encontrar un módem y un monitor ______________.
4. Pídele ayuda a uno de tus amigos, ______________, a Miguel, a Carlos o a Francisco.
5. Miguel y David no saben si podemos pasar ______________ en bicicleta.
6. La videocasetera no está conectada, y ______________ no funciona.

3 **Por y para** Complete the sentences with **por** or **para**.

1. Fui a comprar frutas (*instead of*) ______________ mi madre.
2. Fui a comprar frutas (*to give to*) ______________ mi madre.
3. Rita le dio dinero (*in order to buy*) ______________ el módem.
4. Rita le dio dinero (*in exchange for*) ______________ el módem.
5. La familia los llevó (*through*) ______________ los Andes.
6. La familia los llevó (*to*) ______________ los Andes.

Workbook

4 **Escribir oraciones** Write sentences in the preterite, using the elements provided and **por** or **para**.

modelo

(tú) / salir en el auto / ¿? / Córdoba
Saliste en el auto para Córdoba.

1. Ricardo y Emilia / traer un pastel / ¿? / su prima
____
2. los turistas / llegar a las ruinas / ¿? / barco
____
3. (yo) / tener resfriado / ¿? / el frío
____
4. mis amigas / ganar dinero / ¿? / viajar a Suramérica
____
5. Uds. / buscar a Teresa / ¿? / toda la playa
____
6. el avión / salir a las doce / ¿? / Buenos Aires
____

5 **Para Silvia** Complete the paragraph with **por** and **para**.

Fui a la agencia de viajes porque quería ir ______(1) Mendoza ______(2) visitar a mi novia, Silvia. Entré ______(3) la puerta y Marta, la agente de viajes, me dijo: "¡Tengo una oferta excelente ______(4) ti!". Me explicó que podía viajar en avión ______(5) Buenos Aires ______(6) seiscientos dólares. Podía salir un día entre semana, ______(7) ejemplo, lunes o martes. Me podía quedar en una pensión en Buenos Aires ______(8) quince dólares ______(9) noche. Luego viajaría ______(10) tren a Mendoza ______(11) encontrarme con Silvia. "Debes comprar el pasaje ______(12) el fin de mes", me recomendó Marta. Fue la oferta perfecta ______(13) mí. Llegué a Mendoza y Silvia vino a la estación ______(14) mí. Traje unas flores ______(15) ella. Estuve en Mendoza ______(16) un mes y ______(17) fin Silvia y yo nos comprometimos. Estoy loco ______(18) ella.

Nombre ______________________ Fecha ______________________

11.3 Stressed possesive adjectives and pronouns

1 **Esas cosas tuyas** Fill in the blanks with the possessive adjectives as indicated.

1. Ana nos quiere mostrar unas fotos (*of hers*) ______________.
2. A Lorena le encanta la ropa (*of ours*) ______________.
3. Los turistas traen las toallas (*of theirs*) ______________.
4. El mecánico te muestra unos autos (*of his*) ______________.
5. El sitio Web (*of his*) ______________ es espectacular.
6. ¿Quieres probar el programa de computación (*of ours*) ______________?
7. Roberto prefiere usar la computadora (*of mine*) ______________.
8. Ese ratón (*of yours*) ______________ es el más moderno que existe.

2 **¿De quién es?** Complete the sentences with possessive adjectives.

1. Ésa es mi computadora. Es la computadora ______________.
2. Vamos a ver su sitio Web. Vamos a ver el sitio Web ______________.
3. Aquéllos son mis archivos. Son los archivos ______________.
4. Quiero usar el programa de él. Quiero usar el programa ______________.
5. Buscamos nuestra impresora. Buscamos la impresora ______________.
6. Ésos son los discos compactos de ella. Son los discos compactos ______________.
7. Tienen que arreglar tu teclado. Tienen que arreglar el teclado ______________.
8. Voy a usar el teléfono celular de ustedes. Voy a usar el teléfono celular ______________.

3 **Los suyos** Answer the questions. Follow the model.

modelo

¿Vas a llevar tu cámara?
Sí, voy a llevar la mía.

1. ¿Prefieres usar tu calculadora? ______________
2. ¿Quieres usar nuestro módem? ______________
3. ¿Guardaste los archivos míos? ______________
4. ¿Llenaste el tanque de su auto? ______________
5. ¿Manejó Sonia nuestro auto? ______________
6. ¿Vas a comprar mi televisor? ______________

Nombre ______________________ Fecha ______________________

Workbook

4 **Los pronombres posesivos** Replace the question with one using **de** to clarify the possession. Then answer the question affirmatively, using a possessive pronoun.

modelo

¿Es suyo el teléfono celular? (de ella)
¿Es de ella el teléfono celular? Sí, es suyo.

1. ¿Son suyas las gafas? (de Ud.)

____

2. ¿Es suyo el estéreo? (de Joaquín)

____

3. ¿Es suya la impresora? (de ellos)

____

4. ¿Son suyos esos módems? (de Susana)

____

5. ¿Es suyo el coche? (de tu mamá)

____

6. ¿Son suyas estas calculadoras? (de Uds.)

____

5 **Síntesis**

Tell the story of a romantic couple you know. Use the preterite and the imperfect to tell their story. Use reciprocal reflexive forms of verbs to tell what happened between them and when. Use stressed possessive adjectives and pronouns as needed to talk about their families and their difficulties.

____

Nombre ______________________ Fecha ______________________

Workbook

PREPARACIÓN

Lección 12

1 **Los aparatos domésticos** Answer the questions with complete sentences.

modelo

Julieta quiere calentar comida rápidamente. ¿Qué tiene que usar Julieta?
Julieta tiene que usar el horno de microondas.

1. La ropa de Joaquín está sucia. ¿Qué necesita Joaquín?

____

2. Clara lavó la ropa. ¿Qué necesita Clara ahora?

____

3. Los platos de la cena están sucios. ¿Qué se necesita?

____

4. Rita quiere hacer hielo. ¿Dónde debe poner el agua?

____

2 **¿En qué habitación?** Label these items as belonging to **la cocina, la sala,** or **la alcoba**.

1. el lavaplatos ______________
2. el sillón ______________
3. la cama ______________
4. el horno ______________
5. la almohada ______________
6. el refrigerador ______________
7. la mesita de noche ______________
8. el sofá ______________

3 **¿Qué hacían?** Complete the sentences, describing the domestic activity in each drawing.

1. Ramón ______________________

2. Rebeca ______________________

3. Mi tío Juan ______________________

4. Isabel ______________________

Workbook

4 **Una es diferente** Fill in the blank with the word that doesn't belong in each group.

1. sala, plato, copa, vaso, taza ____________________
2. cuchillo, altillo, plato, copa, tenedor ____________________
3. horno, balcón, patio, jardín, garaje ____________________
4. cartel, estante, pintura, lavadora, cuadro ____________________
5. alcoba, sala, comedor, pasillo, oficina ____________________
6. lavadora, escalera, secadora, lavaplatos, refrigerador ____________________

5 **Crucigrama** Complete the crossword puzzle.

Horizontales

4. el hombre que vive al lado de tu casa
5. Julieta habló con Romeo desde su ________.
6. sillón, mesa, cama o silla
8. lo que pones cuando necesitas luz
10. lo que usas para tomar vino
11. Usas estas cosas para tomar agua o soda.
14. lo que usas cuando hace frío de noche

Verticales

1. lo que usas para ir de un piso a otro
2. Obras (*works*) de Picasso, de Goya, etc.
3. pagar dinero cada mes por vivir en un lugar
7. ____________ de microondas
9. Si vas a vivir en otro lugar, vas a ________.
12. donde se pueden sentar tres o cuatros personas
13. lo que usas para tomar el café

Nombre _______________ Fecha _______________

GRAMÁTICA

12.1 Formal (Ud. and Uds.) commands

1 **Háganlo así** Complete the commands, using the verbs in parentheses.

Ud.

1. (lavar) _______________ la ropa con el nuevo detergente.
2. (salir) _______________ de su casa y disfrute del aire libre.
3. (decir) _______________ todo lo que piensa hacer hoy.
4. (beber) No _______________ demasiado en la fiesta.
5. (venir) _______________ preparado para pasarlo bien.
6. (volver) No _______________ sin probar la langosta de Maine.

Uds.

7. (comer) No _______________ con la boca abierta.
8. (oír) _______________ música clásica en casa.
9. (poner) No _______________ los codos (*elbows*) en la mesa.
10. (traer) _______________ un regalo a la fiesta de cumpleaños.
11. (ver) _______________ programas de televisión educativos.
12. (conducir) _______________ con precaución (*caution*) por la ciudad.

2 **Por favor** Give instructions to a person cleaning a house by changing the verb phrases into formal commands.

modelo
sacudir la alfombra
Sacuda la alfombra, por favor.

1. traer la aspiradora

____

2. arreglar el coche

____

3. bajar al sótano

____

4. apagar la estufa

____

5. venir a la casa

____

Nombre ______________________ Fecha ______________________

Workbook

3 **Para emergencias** Rewrite the paragraph, replacing **debe** + *verb* with formal commands.

El huésped debe leer estas instrucciones para casos de emergencia. En caso de emergencia, el huésped debe tocar la puerta antes de abrirla. Si la puerta no está caliente, el huésped debe salir de la habitación con cuidado (*carefully*). Al salir, el huésped debe doblar a la derecha por el pasillo y debe bajar por la escalera de emergencia. El huésped debe mantener la calma y debe caminar lentamente. El huésped no debe usar el ascensor durante una emergencia. El huésped debe dejar su equipaje en la habitación en caso de emergencia. Al llegar a la planta baja, el huésped debe salir al patio o a la calle. Luego el huésped debe pedir ayuda a un empleado del hotel.

4 **Lo opuesto** Change each command to say the opposite.

modelo
Recéteselo a mi hija.
No se lo recete a mi hija.

1. Siéntense en la cama. ______
2. No lo limpie ahora. ______
3. Lávenmelas mañana. ______
4. No nos los sirva. ______
5. Sacúdalas antes de ponerlas. ______
6. No se las busquen. ______
7. Despiértenlo a las ocho. ______
8. Cámbiesela a veces. ______
9. Pídanselos a Martín. ______
10. No se lo digan hoy. ______

Nombre ______________________ Fecha ______________________

12.2 The present subjunctive

1 **Oraciones** Complete the sentences with the present subjunctive of the verb in parentheses.

1. (comer) Es bueno que Uds. ______________ frutas, verduras y pescado.
2. (estudiar) Es importante que Laura y yo ______________ para el examen de física.
3. (mirar) Es urgente que el doctor te ______________ la rodilla y la pierna.
4. (leer) Es malo que los niños no ______________ mucho de pequeños (*when they are little*).
5. (escribir) Es mejor que (tú) les ______________ una carta antes de llamarlos.
6. (pasar) Es necesario que (yo) ______________ por la casa de Mario por la mañana.

2 **El verbo correcto** Complete the sentences with the present subjunctive of the verbs provided.

ver	traducir	venir	sacar	conducir
poner	hacer	ofrecer	traer	almorzar

1. Es necesario que (yo) ______________ a casa temprano para ayudar a mi mamá.
2. Es bueno que (la universidad) ______________ muchos cursos por semestre.
3. Es malo que (ellos) ______________ justo antes de ir a nadar a la piscina.
4. Es urgente que (Lara) ______________ estos documentos legales.
5. Es mejor que (tú) ______________ más lento para evitar (*avoid*) accidentes.
6. Es importante que (ella) no ______________ la pintura en la mesa.
7. Es bueno que (tú) ______________ las fotos para verlas en la fiesta.
8. Es necesario que (él) ______________ la casa antes de comprarla.
9. Es malo que (nosotros) no ______________ la basura todas las noches.
10. Es importante que (Uds.) ______________ los quehaceres domésticos.

3 **El subjuntivo en las oraciones** Rewrite these sentences using the present subjunctive of the verbs in parentheses.

1. Mi padre dice que es importante que yo (estar) contenta con mi trabajo.

____

2. Rosario cree que es bueno que la gente (irse) de vacaciones más a menudo.

____

3. Creo que es mejor que Elsa (ser) la encargada del proyecto.

____

4. Es importante que les (dar) las gracias por el favor que te hicieron.

____

5. Él piensa que es malo que muchos estudiantes no (saber) otras lenguas.

____

6. El director dice que es necesario que (haber) una reunión de la facultad.

____

Nombre Fecha

Workbook

4 **Es necesario** Write sentences using the elements provided and the present subjunctive of the verbs.

modelo

malo / Roberto / no poder / irse de vacaciones
Es malo que Roberto no pueda irse de vacaciones.

1. importante / Nora / pensar / las cosas antes de tomar la decisión

2. necesario / (tú) / entender / la situación de esas personas

3. bueno / Clara / sentirse / cómoda en el apartamento nuevo

4. urgente / mi madre / mostrar / los papeles que llegaron

5. mejor / David / dormir / antes de conducir la motocicleta

6. malo / los niños / pedir / tantos regalos a sus abuelos

5 **Sí, es bueno** Answer the questions using the words in parentheses and the present subjunctive.

modelo

¿Tiene Marcia que terminar ese trabajo hoy? (urgente)
Sí, es urgente que Marcia termine ese trabajo hoy.

1. ¿Debemos traer el pasaporte al aeropuerto? (necesario)

2. ¿Tienes que hablar con la dueña del apartamento? (urgente)

3. ¿Debe Manuel ir a visitar a su abuela todas las semanas? (bueno)

4. ¿Puede Ana llamar a Cristina para darle las gracias? (importante)

5. ¿Va Clara a saber lo que le van a preguntar en el examen? (mejor)

Workbook

12.3 Subjunctive with verbs of will and influence

1 **Preferencias** Complete the sentences with the present subjuntive of the verbs in parentheses.

1. Rosa quiere que tú (escoger) ______________ el sofá para la sala.
2. La mamá de Susana prefiere que ella (estudiar) ______________ medicina.
3. Miranda insiste en que Luisa (ser) ______________ la candidata a vicepresidenta.
4. Rita y yo deseamos que nuestros padres (viajar) ______________ a Panamá.
5. A Eduardo no le importa que nosotros (salir) ______________ esta noche.
6. La agente de viajes nos recomienda que (quedarnos) ______________ en ese hotel.

2 **Compra una casa** Read the following suggestions for buying a house. Then write a note to a friend, repeating the advice and using the present subjunctive of the verbs.

Cuando se compra una casa, es importante mirar varios factores:

- Se aconseja tener un agente inmobiliario (*real estate*).
- Se sugiere buscar una casa en un barrio seguro (*safe*).
- Se recomienda escoger un barrio con escuelas buenas.
- Se insiste en mirar los baños, la cocina y el sótano.
- Se ruega comparar precios de varias casas antes de decidir.
- Se aconseja hablar con los vecinos del barrio.

Te aconsejo que tengas un agente inmobiliario. ______________

3 **Los pronombres** Write sentences using the elements provided and the present subjunctive. Replace the indirect objects with indirect object pronouns.

modelo

(a ti) / Simón / sugerir / terminar la tarea luego

Simón te sugiere que termines la tarea luego.

1. (a Daniela) / José / rogar / escribir esa carta de recomendación

____

2. (a Uds.) / (yo) / aconsejar / vivir en las afueras de la ciudad

____

3. (a ellos) / la directora / prohibir / estacionar su carro frente a la escuela

____

4. (a mí) / (tú) / sugerir / alquilar un apartamento en el barrio

____

Workbook

4 **¿Subjuntivo o infinitivo?** Write sentences using the elements provided. Use the subjunctive of the verbs when required.

1. Marina / querer / yo / traer / la compra a casa

____

2. Sonia y yo / preferir / buscar / la información por Internet

____

3. el profesor / desear / nosotros / usar / el diccionario

____

4. Uds. / necesitar / escribir / una carta al consulado

____

5. (yo) / preferir / Manuel / ir / al apartamento por mí

____

6. Ramón / insistir en / buscar / las alfombras de la casa

____

5 **Síntesis**

Select a task that you know how to do well. Use formal commands to write instructions for carrying out the task. Then add hints that will help the person following the instructions. Use the phrases **Es bueno, Es mejor, Es importante, Es necesario,** and **Es malo** to tell how to best perform the task. Then use the verbs **aconsejar, pedir, necesitar, prohibir, recomendar, rogar**, and **sugerir** to rewrite the instructions for a friend, asking him or her to perform the task for you.

____

____

____

____

____

____

____

____

____

____

____

Nombre ______________________ Fecha ______________________

AVENTURAS EN LOS PAÍSES HISPANOS

América Central I

1 **El mapa** Identify in the map the names of the principal cities, rivers, lakes and mountains of **Guatemala, Honduras** and **El Salvador.**

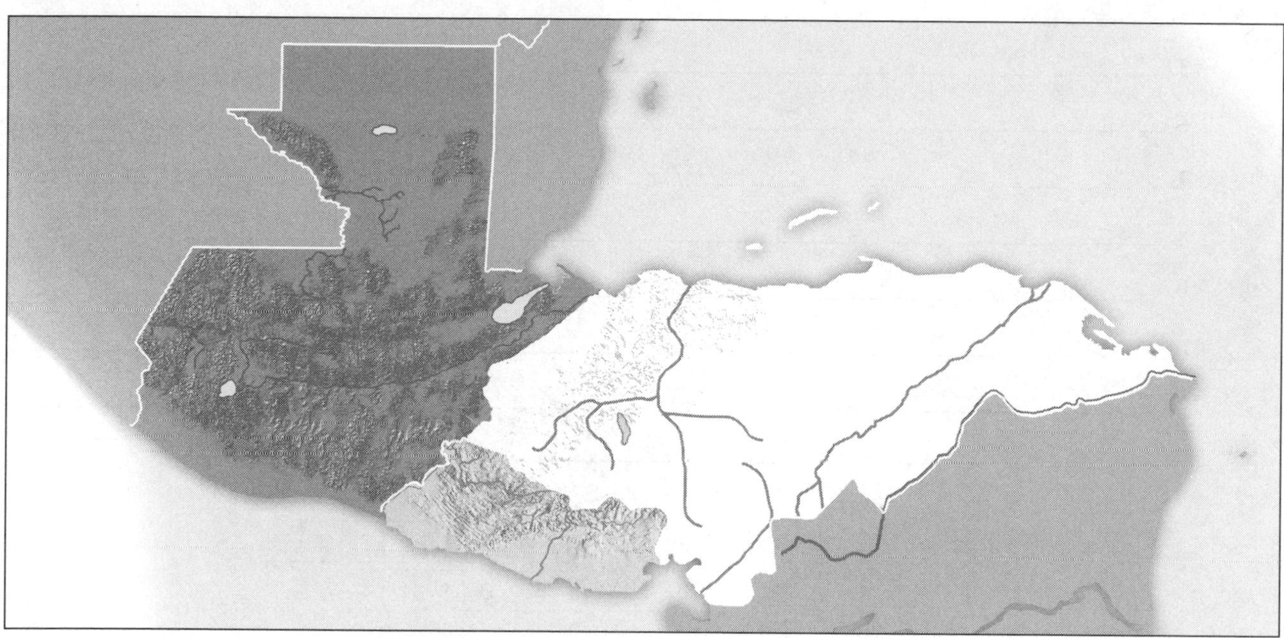

2 **Sopa de letras** Find terms about **Guatemala, Honduras** or **El Salvador** in the grid. Circle them in the puzzle, and write the words to complete these sentences.

1. Moneda de Honduras: ______________.
2. Ciudad de El Salvador con 402.000 de población: ______________________.
3. Ropa tradicional de los guatemaltecos: ______________________.
4. Antigua Guatemala es famosa por su ______________________ colonial hermosa.
5. La capital de Honduras es: ______________.
6. En el Parque Nacional Montecristo hay muchas especies de plantas como las orquídeas y los ______________________.

E	R	G	F	I	O	W	T
S	B	H	K	L	A	D	E
L	O	L	E	N	R	Q	G
F	C	X	Z	B	Q	A	U
T	L	B	V	A	U	D	C
E	H	U	I	P	I	L	I
G	O	B	N	O	T	P	G
U	N	J	K	P	E	Q	A
C	G	D	L	A	C	W	L
I	O	K	L	R	T	X	P
L	S	E	H	T	U	F	A
L	E	M	P	I	R	A	A
R	A	P	O	N	A	M	R

Nombre ______________________ Fecha ______________________

Workbook

3

Palabras cruzadas (*crossed*) Write a description of each of the words that are formed horizontally. Then, make a sentence describing the word that is formed vertically in bold.

1. ____________________
2. ____________________
3. ____________________
4. ____________________
5. ____________________
6. ____________________
7. ____________________
8. ____________________
9. ____________________
10. ____________________
11. ____________________

____________________.

						[1]**M**	o	n	t	e	c	r	i	s	t	o
					[2]c	**a**	l	e	n	d	a	r	i	o		
		[3]q	u	e	t	**z**	a	l								
					[4]m	**a**	y	a	s							
						[5]**t**	e	r	r	e	m	o	t	o		
		[6]g	u	a	t	**e**	m	a	l	t	e	c	o	s		
				[7]H	o	**n**	d	u	r	a	s					
	[8]h	u	m	e	d	**a**	d									
		[9]S	e	m	a	**n**	a	■	S	a	n	t	a			
[10]E	l	■	P	r	o	**g**	r	e	s	o						
					[11]c	**o**	l	ó	n							

4

Las fotos Label the photos. Specify the location.

1. ____________ 2. ____________ 3. ____________

Nombre ______________________ Fecha ______________________

Workbook

REPASO

Lecciones 9–12

1 **Por o para** Fill in the blanks with **por** or **para** as appropriate. Then choose the letter from the box that best applies.

Diego estudia ______(1)______ ser mecánico de carros. Él trabaja ______(2)______ un taller mecánico en su barrio. Esta mañana, él fue ______(3)______ herramientas nuevas a la tienda. Diego caminó ______(4)______ el centro de la ciudad durante dos horas. Ayer, Diego y su cliente hablaron ______(5)______ teléfono ______(6)______ hacer una cita. El cliente quiere su camioneta arreglada ______(7)______ mañana, y Diego no sabe si tiene suficiente tiempo. Tal vez, un trabajo como éste es demasiado ______(8)______ un joven con poca experiencia. El problema es que el cliente ya pagó ______(9)______ el trabajo. Diego cree que va a tener que trabajar ______(10)______ la noche si quiere terminar el trabajo.

a. means	d. employ (works for)	g. deadline	j. purpose (used for)
b. purpose (goal)	e. object (in search of)	h. general location	
c. duration	f. exchange	i. comparison	

2 **¿Pretérito o imperfecto?** Complete the sentences with the preterite or imperfect of the verbs in parentheses as appropriate.

1. Todos los años Mariana (viajar) ____________ a San Francisco en carro con sus padres.
2. El año pasado, ella (enfermarse) ____________ durante el viaje.
3. Sus padres no (saber) ____________ qué hacer. Entonces se detuvieron en un hospital público para ver que enfermedad (tener) ____________ ella.
4. Ese día, el doctor (estar) ____________ almorzando mientras ellos (llegar) ____________ a la sala de emergencias.
5. "Es apenas un resfriado", (decir) ____________ el médico cuando la enfermera (traer) ____________ medicina para Mariana.

3 **Hágalo ahora** Write sentences using the words provided. Use formal commands and the subjects indicated.

1. (Uds.) / ayudarlos a traer las compras ______________________
2. (Ud.) / poner la mesa ______________________
3. (Uds.) / sacudir las mantas ______________________
4. (Ud.) / limpiar la cocina y el baño ______________________
5. (Uds.) / barrer la sala ______________________
6. (Ud.) / no ensuciar los sillones ______________________

Nombre ______________________ Fecha ______________________

4 **El subjuntivo** Rewrite the sentences using the words in parentheses. Use the subjunctive of the verbs.

modelo
Ellos tienen muchos problemas. (ser malo)
Es malo que ellos tengan muchos problemas.

1. Toma la medicina para sus alergias. (ser necesario / María) ______________________
2. Las mujeres ven al doctor todos los años. (ser importante) ______________________
3. Los pacientes hacen ejercicio. (la enfermera / sugerir) ______________________
4. El paciente entra al consultorio. (el doctor / esperar) ______________________

5 **¿Qué o cuál?** Complete these sentences with **qué**, **cuál**, or **cuáles**.

1. ¿______________ es tu celebración favorita?
2. ¿______________ le vas a regalar a Patricia para su cumpleaños?
3. Para la fiesta de año nuevo, ¿______________ vestido debo llevar: el blanco o el rojo?
4. Mañana hay dos fiestas. ¿A ______________ vas a ir?
5. ¿______________ sorpresa le tienen preparada a Martín para su graduación?
6. ¿______________ tipo de pastel tuvieron en la boda?
7. ¿______________ son nuestros asientos en la fiesta de fin de año?
8. ¿______________ quieres hacer para tu despedida de soltera (*bachelorette party*)?

6 **La mujer de ayer y de hoy** Describe what women's lives were like in the early 1800s and what they are like now. Mention the things that women used to do and the things they do now (you may want to use adverbs like **siempre, nunca,** and **a veces**). Then mention the things that men and women should do to ensure equality in the future (you may want to use phrases like **es importante que**... and **es necesario que**... .).

Nombre ______________________ Fecha ______________________

PREPARACIÓN

Lección 13

Workbook

1 La naturaleza

Complete the sentences with the appropriate nature-related words.

1. La luna, las estrellas, el sol y las nubes están en el ______________________.
2. El ______________________ es un lugar donde no llueve y hace mucho calor.
3. Una montaña que tiene un cráter es un ______________________.
4. La región llana (*flat*) que hay entre dos montañas es un ______________________.
5. La ______________________ es un bosque tropical, lo que significa que está cerca del ecuador.
6. Para ir de excursión por las montañas, es importante seguir un ______________________.

2 Problema y solución

Match each problem with its solution. Then write a sentence with each pair, saying how we can solve the problem.

Problemas	Soluciones
1. la deforestación de los bosques	controlar las emisiones de los coches
2. la erosión de las montañas	plantar árboles y plantas
3. la falta (*lack*) de recursos naturales	reducir la contaminación del aire
4. la contaminación del aire en las ciudades	reciclar los envases y latas
5. la lluvia ácida	prohibir que se corten (*cut*) los árboles en algunas regiones

modelo

la extinción de plantas y animales/ proteger las especies en peligro

Para resolver el problema de la extinción de plantas y animales, tenemos que proteger las especies en peligro.

1. ______________________
2. ______________________
3. ______________________
4. ______________________
5. ______________________

3 Sinónimos y antónimos

Fill in the blanks with the correct verbs from the word bank.

contaminar | conservar | mejorar | evitar | reducir | dejar de

1. gastar ≠ ______________________
2. permitir ≠ ______________________
3. hacerse mejor = ______________________
4. usar más ≠ ______________________
5. continuar ≠ ______________________
6. limpiar ≠ ______________________

Workbook

4 **Nuestra madre** Fill in the blanks with the correct terms. Then, read the word formed vertically to complete the final sentence.

1. El lugar donde vivimos es nuestro medio ____________________.
2. Un bosque tiene muchos tipos de ____________________.
3. Un volcán tiene un ____________________ en la parte de arriba.
4. Cuando el cielo está despejado, no hay ni una ____________________.
5. Las ____________________ son rocas (*rocks*) más pequeñas.
6. Un ____________________ es un animal que vuela (*flies*).
7. La ____________________ es el estudio de los animales y plantas en su medio ambiente.
8. Por la noche se ven las ____________________.
9. El salmón es un tipo de ____________________.
10. El satélite que se ve desde la Tierra es la ____________________.

Todas estas cosas forman parte de la ____________________.

5 **Carta al editor** Complete the letter to the editor with items from the word bank.

árboles	población	dejar de	contaminación
evitar	conservar	recurso natural	reducir
respiramos	resolver	deforestación	mejorar

Creo que la ____(1)____ del aire en nuestra ciudad es un problema que se tiene que ____(2)____ muy pronto. Cada día hay más carros que contaminan el aire que todos nosotros ____(3)____. Además, la ____(4)____ en las regiones cerca de la ciudad elimina una gran parte del oxígeno que los ____(5)____ le proveían (*provided*) a la ____(6)____ de la ciudad. Creo que es importante ____(7)____ las condiciones de las calles para que las personas puedan montar en bicicleta para ir al trabajo. Así, todos pueden ____(8)____ gasolina, porque el petróleo es un ____(9)____ que no va a durar (*last*) para siempre. Creo que el uso de bicicletas en la ciudad es una de las mejores ideas para ____(10)____ el uso de los carros. Debemos ____(11)____ pensar que el carro es un objeto absolutamente necesario, y buscar otras maneras de transportarnos. Quizás algún día podamos ____(12)____ los problemas que nos causa la contaminación.

Nombre ______________________ Fecha ______________________

Workbook

GRAMÁTICA

13.1 The subjunctive with verbs of emotion

1 **Emociones** Complete the sentences with the subjunctive of the verbs in parentheses.

1. A mis padres les molesta que los vecinos (quitar) ______________ los árboles.
2. Julio se alegra de que (haber) ______________ muchos pájaros en el jardín de su casa.
3. Siento que Teresa y Lola (estar) ______________ enfermas con la gripe.
4. Liliana tiene miedo de que sus padres (decidir) ______________ mudarse a otra ciudad.
5. A ti te sorprende que la deforestación (ser) ______________ un problema tan grande.
6. Rubén espera que el gobierno (mejorar) ______________ las leyes que protegen la naturaleza.

2 **Es así** Combine each pair of sentences, using the subjunctive.

modelo

La lluvia ácida destruye los bosques. Es terrible.
Es terrible que la lluvia ácida destruya los bosques.

1. Muchos ríos están contaminados. Es triste.

____

2. Algunas personas evitan reciclar. Es ridículo.

____

3. Los turistas no recogen la basura (*garbage*). Es una lástima.

____

4. La gente destruye el medio ambiente. Es extraño.

____

3 **Ojalá...** Form sentences, using the elements provided. Start the sentences with **Ojalá que**.

1. los países / conservar sus recursos naturales

____

2. este sendero / llevarnos al cráter del volcán

____

3. la población / querer cambiar las leyes de deforestación

____

4. mi perro / gustarle ir de paseo por el bosque

____

5. las personas / reducir el uso de los carros en las ciudades

____

6. los científicos (*scientists*) / saber resolver el problema de la contaminación

____

Workbook

4 **Lo que sea** Change the subject of each second verb to the subject in parentheses. Then complete the new sentence with the new subject, using the subjunctive.

modelo
Pablo se alegra de ver a Ricardo. (su madre)
Pablo se alegra de que su madre vea a Ricardo.

1. Me gusta salir los fines de semana. (mi hermana)

Me gusta que _______________.

2. José y tú esperan salir bien en el examen. (yo)

José y tú esperan que _______________.

3. Es ridículo contaminar el mundo en que vivimos. (la gente)

Es ridículo que _______________.

4. Carla y Patricia temen separarse por el sendero. (sus amigos)

Carla y Patricia temen que _______________.

5. Te molesta esperar mucho al ir de compras. (tu novio)

Te molesta que _______________.

6. Es terrible usar más agua de la necesaria. (las personas)

Es terrible que _______________.

7. Es triste no saber leer. (Roberto)

Es triste que _______________.

8. Es una lástima encontrar animales abandonados. (los vecinos)

Es una lástima que _______________.

5 **Emociones** Form sentences using the elements provided and the present subjunctive.

1. Rosa / alegrarse / sus amigos / reciclar los periódicos y los envases

____

2. los turistas / sorprenderse / el país / proteger tanto los parques naturales

____

3. (nosotros) / temer / los cazadores (*hunters*) / destruir animales en peligro de extinción

____

4. la población / sentir / las playas de la ciudad / estar contaminadas

____

5. las personas / esperar / el gobierno / desarrollar nuevos sistemas de energía

____

6. a mi tía / gustar / mi primo / recoger y cuidar animales abandonados

____

7. mis vecinos / tener miedo / el gobierno / poner un aeropuerto cerca

____

13.2 The subjunctive with doubt, disbelief and denial

1 **No es probable** Complete the sentences with the subjunctive of the verbs in parentheses.

1. No es verdad que Raúl (ser) ______________ un mal excursionista.
2. Es probable que Tito y yo (ir) ______________ a caminar en el bosque nacional.
3. Claudia no está segura de que Eduardo (saber) ______________ dónde estamos.
4. No es seguro que el trabajo nos (llegar) ______________ antes del viernes.
5. Es posible que Miguel y Antonio (venir) ______________ a visitarnos hoy.
6. No es probable que esa compañía les (pagar) ______________ bien a sus empleados.

2 **Es posible que pase** Rewrite the sentences, using the words in parentheses.

modelo

Hay mucha contaminación en las ciudades. (probable)

Es probable que haya mucha contaminación en las ciudades.

1. Hay muchas vacas en los campos de la región. (probable)

____

2. El agua de esos ríos está contaminada. (posible)

____

3. Ese sendero nos lleva al lago. (quizás)

____

4. El gobierno protege todos los peces del océano. (imposible)

____

5. La población reduce el uso de los envases. (improbable)

____

6. El desierto es un lugar mejor para visitar en invierno. (tal vez)

____

3 **¿Estás seguro?** Complete the sentences with the indicative or subjunctive form of the verbs in parentheses.

1. (ser) No dudo que Manuel ______________ la mejor persona para hacer el trabajo.
2. (tener) El conductor no niega que ______________ poca experiencia por estas calles.
3. (decir) Ricardo duda que Mirella ______________ siempre toda la verdad.
4. (deber) Sé que es verdad que nosotros ______________ cuidar el medio ambiente.
5. (poder) Lina no está segura de que sus amigos ______________ venir a la fiesta.
6. (querer) Claudia y Julio niegan que tú ______________ mudarte a otro barrio.
7. (buscar) No es probable que ella ______________ un trabajo de secretaria.

Workbook

4 **¿Es o no es?** Choose the correct phrase in parentheses to rewrite each sentence, based on the verb.

1. (Estoy seguro, No estoy seguro) de que a Mónica le gusten los perros.

2. (Es verdad, No es verdad) que Ramón duerme muchas horas todos los días.

3. Rita y Rosa (niegan, no niegan) que gasten mucho cuando van de compras.

4. (No cabe duda de, Dudas) que el aire que respiramos está contaminado.

5. (No es cierto, Es obvio) que a Martín y a Viviana les encanta viajar.

6. (Es probable, No hay duda de) que tengamos que reciclar todos los envases.

5 **Oraciones nuevas** Rewrite the sentences, using the words in parentheses. Use the indicative or subjunctive form as appropriate.

1. Las matemáticas son muy difíciles. (no es cierto)

2. El problema de la contaminación es bastante complicado. (el presidente no niega)

3. Él va a terminar el trabajo a tiempo. (Ana duda)

4. Esa película es excelente. (mis amigos están seguros)

5. El español se usa más y más cada día. (no cabe duda)

6. Lourdes y yo podemos ir a ayudarte esta tarde. (no es seguro)

7. Marcos escribe muy bien en francés. (el maestro no cree)

8. Pedro y Virginia nunca comen carne. (no es verdad)

13.3 The subjunctive with conjunctions

1 **Las conjunciones** Complete the sentences with the subjunctive form of the verbs in parentheses.

1. (terminar) Debemos cuidar los animales en peligro de extinción para que no se ______________ .
2. (mejorar) Ellos van a reciclar las botellas con tal de que el medio ambiente se ______________ .
3. (reciclar) No quiero usar productos de plástico a menos que tú los ______________ .
4. (pedir) Alejandro siempre cuida la naturaleza sin que nadie se lo ______________ .
5. (dejar) No podemos proteger los lagos a menos que la gente ______________ de tirar basura en el agua.
6. (contaminar) Hay que proteger al medio ambiente antes de que se ______________ más.
7. (aprender) Luis habla con sus hijos de la contaminación para que ellos ______________ .
8. (desarrollar) ¿Qué podemos hacer en caso de no se ______________ leyes para la conservación de los océanos?

2 **¿Subjuntivo o infinitivo?** Rewrite the sentences, choosing the correct verb form from those in parentheses.

1. Los López reciclan las latas de aluminio sin que les (dé, da, dar) mucho trabajo.

   ____
2. En las fiestas usan platos de vidrio para (eviten, evitan, evitar) usar platos de plástico.

   ____
3. Se les pidió a todas las personas del barrio que antes de que (reciclen, reciclan, reciclar) la basura, la separen.

   ____
4. Nos pidieron que cuidemos los jardines cuando (visitemos, visitamos, visitar) el parque.

   ____
5. Siempre limpiamos las calles tan pronto como (llegue, llega, llegar) el otoño.

   ____

3 **¿Cuándo?** Choose the most logical response.

1. Voy a caminar por el bosque en cuanto ______________ de la tienda.
   a. vuelva b. vuelvo
2. Ayudan a detener la contaminación cuando ______________ a sus amigos de este problema.
   a. hablen b. hablan
3. Todos vamos de excursión para que ______________ los ruidos del bosque.
   a. oigamos b. oímos
4. Él siempre se para en el sendero tan pronto como ______________ una planta exótica.
   a. encuentre b. encuentra
5. Podremos (*we will be able to*) dejar de caminar hasta que ellos ______________ el pájaro azul.
   a. observan b. observen
6. Debemos de hacer algo antes de que ______________ los bosques.
   a. destruyen b. destruyan

Workbook

4 **Tan pronto como puedas** Indicate whether the action described is a command (C), a future action (F), a habitual action (H), or a past action (P). Then form sentences with the elements provided using the indicative and the subjunctive as appropriate.

1. ________ Recojan la basura (cuando / caminar / en la selva)

____

2. ________ Por las noches, Isabel y Natalia leen sobre el bosque (hasta que / acostarse / a dormir)

____

3. ________ Todos los viernes, Isabel junta (*collects*) los periódicos de su barrio (en cuanto / las clases / terminar)

____

4. ________ Natalia quiere bañarse en el río (tan pronto como / llegar / al campo)

____

5. ________ Vuelvan a casa (antes que / salir / el sol)

____

6. ________ Las niñas nadaron en el río (cuando / ir / al bosque).

____

7. ________ Los amigos de Isabel y Natalia se van a dormir en el campo (después de que / la caminata (*hike*) / terminar)

____

8. ________ Ellas salieron del bosque (tan pronto como / ver / un oso)

____

5 **En el bosque** Complete this conversation, using the subjunctive, the indicative and the infinitive.

MARIO Hola, Lilia. ¿Quiéres ir a caminar al bosque en cuanto (yo) ________ (1) (salir) de mi clase?

LILIA Sí, ayer fui al bosque tan pronto como la clase ________ (2) (terminar) y te estuve buscando, pero no te vi.

MARIO Ayer cuando la clase terminó, (yo) me ________ (3) (encontrar) con un amigo en el bosque. Fuimos a caminar en el bosque para ________ (4) (buscar) plantas en peligro de extinción.

LILIA Yo estuve caminando en el bosque hasta que ________ (5) (ser) demasiado tarde.

MARIO Hoy quiero observar los insectos exóticos hasta que (tú) ________ (6) (querer) ir a tu casa. Yo voy a caminar en el bosque con tal de que (tú) los ________ (7) (ver) también.

LILIA Después de que (yo) los ________ (8) (ver), me voy a mi casa.

MARIO En cuanto (tú) ________ (9) (entrar) al bosque, los vas a ver allí, esperándote.

LILIA No lo voy a creer hasta que (yo) lo ________ (10) (ver).

MARIO Cuando (yo) ________ (11) (hablar) de insectos, siempre tengo razón.

LILIA Sí. ¡Pero recuerda tú que tan pronto como (tú) ________ (12) (poner) un insecto cerca de mí, yo me voy a mi casa!

Nombre ______________________ Fecha ______________________

PREPARACIÓN

Lección 14

Workbook

1

El dinero Complete the sentences with the correct banking-related words.

1. Necesito sacar dinero. Voy al ____________________.
2. Quiero ahorrar para comprar una casa. Pongo el dinero en una ____________________.
3. Voy a pagar, pero no quiero pagar al contado ni con tarjeta de crédito. Voy a usar un __________.
4. Cuando uso un cheque, el dinero sale de mi ____________________.
5. Para cobrar un cheque a mi nombre, lo tengo que ____________________ por detrás.
6. Para ahorrar, pienso ____________________ $200 en mi cuenta de ahorros todos los meses.

2

¿Qué clase *(kind)* de tienda es ésta? You are running errands, and you can't find the things you need. Fill in the blanks with the names of the places that should carry these items.

1. ¿No tienen manzanas? ¿Qué clase de ____________________ es ésta?
2. ¿No tienen una chuleta de cerdo? ¿Qué clase de ____________________ es ésta?
3. ¿No tienen detergente? ¿Qué clase de ____________________ es ésta?
4. ¿No tienen dinero? ¿Qué clase de ____________________ es éste?
5. ¿No tienen diamantes (*diamonds*)? ¿Qué clase de ____________________ es ésta?
6. ¿No tienen estampillas? ¿Qué clase de ____________________ es éste?
7. ¿No tienen botas? ¿Qué clase de ____________________ es ésta?
8. ¿No tienen aceite vegetal? ¿Qué clase de ____________________ es éste?

3

¿Cómo pagas? Fill in the blank with the most likely form of payment for each item.

gratis	a plazos
al contado	con un préstamo

1. un refrigerador ____________________
2. una camisa ____________________
3. un coche nuevo ____________________
4. las servilletas en un restaurante __________
5. una computadora ____________________
6. un vaso de agua ____________________
7. una hamburguesa ____________________
8. una cámara digital ____________________
9. la universidad ____________________
10. unos sellos ____________________

Workbook

4 **Tu empresa** Fill in the blanks with the type of store each slogan would promote.

1. Compre aquí para toda la semana y ahorre en alimentos para toda la familia. ______
2. Deliciosos filetes de salmón en oferta especial ______
3. Recién (*Just*) salido del horno ______
4. Naranjas y manzanas a dos dólares el kilo ______
5. Tráiganos su ropa más fina. ¡Va a quedar como nueva! ______
6. 51 sabrosas variedades para el calor del verano ______
7. ¡Reserva el pastel de cumpleaños de tu hijo hoy! ______
8. Un diamante es para siempre. ______
9. Salchichas, jamón y chuletas de cerdo ______
10. Arréglese las uñas y péinese hoy por un precio económico. ______

5 **Seguir direcciones** Identify the final destination for each set of directions.

1. De la Plaza Sucre, camine derecho en dirección oeste por la calle Comercio. Doble a la derecha en la calle La Paz hasta la calle Escalona. Doble a la izquierda y al final de la calle va a verlo. ______
2. Del banco, camine en dirección este por la calle Escalona. Cuando llegue a la calle Sucre, doble a la derecha. Siga por dos cuadras hasta la calle Comercio. Doble a la izquierda. El lugar queda al cruzar la calle Buena Vista. ______
3. Del estacionamiento de la calle Buena Vista, camine derecho por la calle Sta. Rosalía hasta la calle Bolívar. Cruce la calle Bolívar, y a la derecha en esa cuadra la va a encontrar. ______
4. De la joyería, camine por la calle Bolívar y cruce la calle Sta. Rosalía, la calle Escalona, y la calle 2 de Mayo. A la izquierda, en esa esquina, la va a ver. ______

Workbook

GRAMÁTICA

14.1 The subjunctive in adjective clauses

1 **El futuro de las computadoras** Complete the paragraph with the subjunctive of the verbs in parentheses.

¿Alguna vez ha pensado en un programa de computadora que (escribir) ____(1)____ las palabras que usted le (decir) ____(2)____? En nuestra compañía queremos desarrollar un programa que (poder) ____(3)____ reconocer la voz (*voice*) de las personas en varias lenguas. Así, todos van a poder escribir con la computadora ¡sin tocar el teclado! Para desarrollar un programa de reconocimiento (*recognition*) del habla, primero hay que enseñarle algunas palabras que se (decir) ____(4)____ con mucha frecuencia en esa lengua. Luego el programa tiene que "aprender" a reconocer cualquier (*any*) tipo de pronunciación que (tener) ____(5)____ las personas que (usar) ____(6)____ el programa. En el futuro, va a ser normal tener una computadora que (reconocer) ____(7)____ el habla de su usuario. Es posible que hasta (*even*) algunos aparatos domésticos (funcionar) ____(8)____ con la voz de su dueño.

2 **¿Esté o está?** Complete the sentences with the indicative or the subjunctive of the verbs in parentheses.

(ser)

1. Quiero comprar una falda que ____________________ larga y elegante.
2. A Sonia le gusta la falda que ____________________ verde y negra.

(haber)

3. Nunca estuvieron en el hotel que ____________________ en el aeropuerto.
4. No conocemos ningún hotel que ____________________ cerca de su casa.

(quedar)

5. Hay un banco en el edificio que ____________________ en la esquina.
6. Deben poner un banco en un edificio que ____________________ más cerca.

(tener)

7. Silvia quiere un apartamento que ____________________ balcón y piscina.
8. Ayer ellos vieron un apartamento que ____________________ tres baños.

(ir)

9. Hay muchas personas que ____________________ a Venezuela de vacaciones.
10. Raúl no conoce a nadie que ____________________ a Venezuela este verano.

Workbook

3 **No es cierto** Rewrite the sentences to make them negative, using the subjuntive where appropriate.

1. Ricardo conoce a un chico que estudia medicina.
____
2. Laura y Diego cuidan a un perro que protege su casa.
____
3. Maribel y Lina tienen un pariente que escribe poemas.
____
4. Los González usan coches que son baratos.
____
5. Mi prima trabaja con unas personas que conocen a su padre.
____
6. Gregorio hace un plato venezolano que es delicioso.
____

4 **¿Hay alguno que sea así?** Answer these questions positively or negatively, as indicated. Use the subjunctive where appropriate.

1. ¿Hay algún buzón que esté en la calle Bolívar?
   Sí, ____.
2. ¿Conoces a alguien que sea abogado de inmigración?
   No, ____.
3. ¿Ves a alguien aquí que estudie contigo en la universidad?
   Sí, ____.
4. ¿Hay alguna panadería que venda pan caliente (*hot*) cerca de aquí?
   No, ____.
5. ¿Tienes alguna compañera que vaya a ese gimnasio?
   Sí, ____.
6. ¿Sabes de alguien en la oficina que haga envíos a otros países?
   No, ____.

5 **Une las frases** Complete the sentences with the most logical endings from the word bank. Use the indicative or subjunctive forms of the infinitive verbs as appropriate.

siempre decirnos la verdad	abrir hasta las doce de la noche	no dar direcciones
tener muchos museos	ser cómoda y barata	quererlo mucho

1. Rolando tiene una novia que ____.
2. Todos buscamos amigos que ____.
3. Irene y José viven en una ciudad que ____.
4. ¿Hay una farmacia que ____?

Nombre ____________ Fecha ____________

14.2 Familiar (tú) commands

1 **Haz papel** Read the instructions for making recycled paper from newspaper. Then use familiar commands to finish the email in which Paco explains the process to Marisol.

hacer un molde con madera y tela (*fabric*)
romper papel de periódico en trozos (*pieces*) pequeños
poner el papel en un envase con agua caliente
preparar la pulpa con una licuadora (*blender*)
volver a poner la pulpa en agua caliente
empezar a poner la pulpa en un molde que deje (*lets*) salir el agua
quitar el molde y dejar (*leave*) el papel sobre la mesa
poner una tela encima del papel
planchar el papel
usar el papel

A Marisol | De Paco | Asunto Cómo reciclar papel

Para reciclar papel de periódico, ____________

____

____

____

____

____

____

¡Ya sabes cómo reciclar!
Hasta luego, Paco

2 **Díselo** Follow the instructions by writing familiar commands.

modelo
Pídele a Ramón que te compre una camiseta en Costa Rica.
Ramón, cómprame una camiseta en Costa Rica.

1. Dile a David que se quede unos días en San José.

____

2. Sugiérele a Laura que no salga muy tarde.

____

3. Aconséjale a Patricia que pruebe la comida típica de Costa Rica.

____

4. Dile a Isabel que no olvide comer un helado en el parque del centro.

____

5. Pídele a Cecilia que tenga cuidado al cruzar las calles.

____

6. Ruégale a Simón que aprenda a bailar en Costa Rica.

____

Workbook

3 **Planes para el verano** Rewrite this paragraph from a travel website. Substitute informal commands for the formal commands.

Este verano, descubra la ciudad de Panamá. Camine por las calles y observe la arquitectura de la ciudad. La catedral es un edificio que no puede dejar de visitar. Visite las ruinas en Panamá Viejo y compre una artesanía (*craft*) del país. Vaya a un restaurante de comida panameña y no se olvide de probar un plato popular. Conozca el malecón (*seafront*) y respire el aire puro del mar. Explore El Canal de Panamá y aprenda cómo funciona. Súbase a un autobús colorido y vea cómo vive la gente local. ¡Disfrute Panamá!

Verano en la ciudad de Panamá

____

____

____

____

____

____

____

____

4 **¿Te ayudo?** Imagine that you are a child asking one of your parents these questions. Write his or her positive or negative answers in the form of familiar commands.

modelo
¿Necesitas que traiga leche y pan?
Sí, trae leche y pan./ No, no traigas leche y pan.

1. ¿Quieres que pida una pizza en el restaurante?

____

2. ¿Deseas que vaya a la panadería a comprar pan?

____

3. ¿Prefieres que yo haga las diligencias?

____

4. ¿Necesitas que busque a mi hermano después de la escuela?

____

5. ¿Quieres que venga a casa después de clase el viernes?

____

6. ¿Prefieres que cuide al perro este fin de semana?

____

Workbook

14.3 Nosotros/as commands

1 **Hagamos eso** Rewrite these sentences, using the **nosotros/as** command forms of the verbs in italics.

modelo

Tenemos que *terminar* el trabajo antes de las cinco.
Terminemos el trabajo antes de las cinco.

1. Hay que *recoger* a los niños hoy.

____

2. Tenemos que *ir* al dentista esta semana.

____

3. Debemos *depositar* el dinero en el banco.

____

4. Podemos *viajar* al Perú este invierno.

____

5. Queremos *salir* a bailar este sábado.

____

6. Deseamos *invitar* a los amigos de Ana.

____

2 **¡Sí! ¡No!** You and your roommate disagree about everything. Write affirmative and negative **nosotros/as** commands for these actions.

modelo

abrir las ventanas
tú: Abramos las ventanas.
tu compañero/a: No abramos las ventanas.

1. pasar la aspiradora hoy

tú: ______________________________

tu compañero/a: ______________________________

2. poner la televisión

tú: ______________________________

tu compañero/a: ______________________________

3. compartir la comida

tú: ______________________________

tu compañero/a: ______________________________

4. hacer las camas todos los días

tú: ______________________________

tu compañero/a: ______________________________

3 **Como Lina** Everyone likes Lina and they want to be like her. Using **nosotros/as** commands, write sentences saying what you and your friends should do to follow her lead.

1. Lina compra zapatos italianos en el centro.
2. Lina conoce la historia del jazz.
3. Lina se va de vacaciones a las montañas.
4. Lina se corta el pelo en la peluquería de la calle Central.
5. Lina hace pasteles para los cumpleaños de sus amigas.
6. Lina no sale de fiesta todas las noches.
7. Lina corre al lado del río todas las mañanas.
8. Lina no gasta demasiado dinero en la ropa.

4 **El préstamo** Claudia is thinking of everything that she and her fiancé, Ramón, should do to buy an apartment. Write what she will tell Ramón, using **nosotros/as** commands for verbs in the infinitive. The first sentence is done for you.

Podemos pedir un préstamo para comprar un apartamento. Debemos llenar este formulario cuando solicitemos el préstamo. Tenemos que ahorrar dinero todos los meses hasta que paguemos el préstamo. No debemos cobrar los cheques que nos lleguen; debemos depositarlos en la cuenta corriente. Podemos depositar el dinero que nos regalen cuando nos casemos. Le debemos pedir prestado a mi padre un libro sobre cómo comprar una vivienda. Queremos buscar un apartamento que esté cerca de nuestros trabajos. No debemos ir al trabajo mañana por la mañana; debemos ir al banco a hablar con un empleado.

Pidamos un préstamo para comprar un apartamento.

Nombre ______________________ Fecha ______________________

Workbook

AVENTURAS EN LOS PAÍSES HISPANOS

América Central II

1 **El mapa** Write three features of each country in the blanks provided.

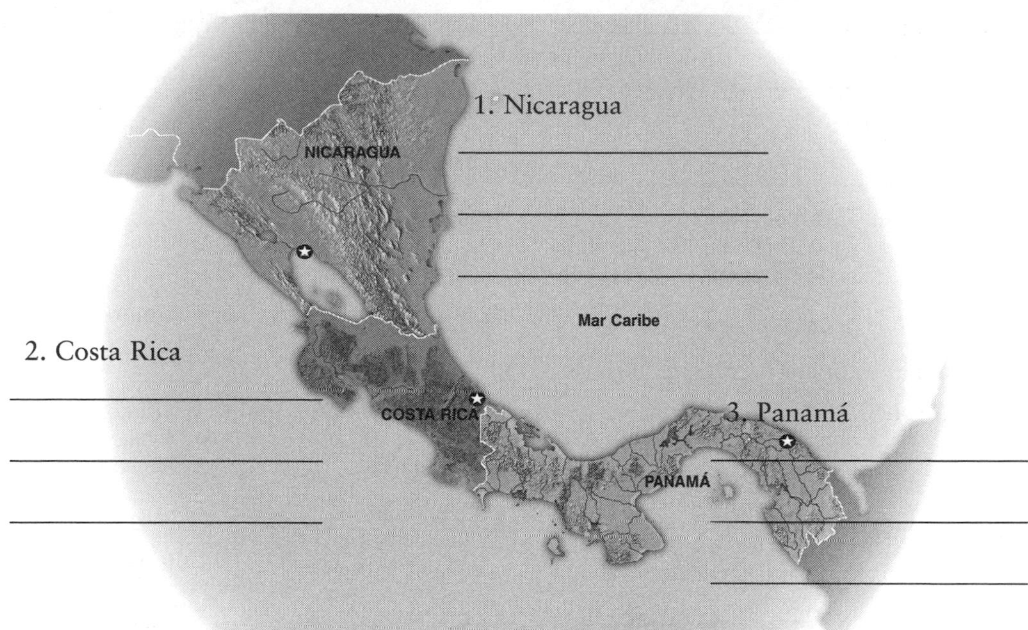

2 **Palabras desordenadas** Unscramble the words about places in **Nicaragua, Costa Rica** or **Panamá**, using the clues.

1. STARPNANEU ______________
   (población 103.000)
2. VNEARTE ______________
   (Río en Costa Rica que está cerca de San José.)
3. EATAPARZ ______________
   (Una de las islas de Nicaragua.)
4. IASARTBÁA ______________
   (Serranía en Panamá)
5. ARANADG ______________
   (población 93.000)
6. ONLCAITÁT ______________
   (Uno de los océanos que conecta el Canal de Panamá.)
7. AGAMUNA ______________
   (Capital de Nicaragua)
8. AUSCTNEAGA ______________
   (Cordillera que está en Costa Rica)

3 **Las fotos** Write a complete sentence about each photo. Indentify each person and their country of origin.

1. ______________
2. ______________
3. ______________

4 Palabras cruzadas *(crossed)* Complete this crossword puzzle based on the clues provided.

Horizontales

1. En 1948 en Costa Rica se disolvió el ______________________
2. Costa Rica es una nación ______________________
3. ______________________ es un país con un área de 129.494 km^2.
4. Arias hizo un ______________________ para establecer la paz en Centroamérica.
5. El ______________________ de Panamá se construyó en 1903.
6. Ernesto Cardenal es poeta, ______________________ y sacerdote católico.
7. La capital de Nicaragua es ______________________ .
8. Ernesto Cardenal cree en el poder de la______________________ .

Verticales

1. Las ______________________ tradicionales tienen dibujos geométricos.
2. Los cunas viven en las islas ______________________ de Panamá.
3. Arias ganó el Premio ______________________ de la Paz en 1987.
4. Oscar ______________________ fue presidente de su país (1986-1990).
5. Nicaragua, Costa Rica y Panamá están en ______________________
6. La moneda de Panamá es el ______________________ .
7. La isla de ______________________ es de Panamá.
8. ______________________ es una ciudad de Costa Rica con 174.000 de población.

5 El Canal de Panamá Write why you think the *Canal de Panamá* is important.

El Canal de Panamá es importante porque... ______________________

____

____

____

____

Nombre ______________________ Fecha ______________________

Workbook

PREPARACIÓN

Lección 15

1 **Lo opuesto** Fill in the blanks with the terms that mean the opposite of the descriptions.

1. sedentario ______________
2. con cafeína ______________
3. fuerte ______________
4. adelgazar ______________
5. comer en exceso ______________
6. con estrés ______________
7. con ______________
8. fuera (*out*) de forma ______________

2 **Vida sana** Complete the sentences with the correct terms.

1. Antes de correr, es importante hacer ejercicios de ______________ para calentarse.
2. Para dormir bien las noches, es importante tomar bebidas ______________.
3. Para desarrollar músculos fuertes, es necesario ______________.
4. Una persona que es muy sedentaria y ve mucha televisión es un ______________.
5. ______________ es bueno porque reduce la temperatura del cuerpo.
6. Para aliviar el estrés, es bueno hacer las cosas tranquilamente y sin ______________.
7. Cuando tienes los músculos tensos, lo mejor es que te den un ______________.
8. Las personas que dependen de las drogas son ______________.

3 **¿Qué hacen?** Look at the drawings. Complete the sentences with the correct forms of the verbs from the word bank.

(no) llevar una vida sana	(no) consumir bebidas alcohólicas
(no) apurarse	(no) hacer ejercicios de estiramiento

1. Isabel debió ______________.

2. Mi prima prefiere ______________.

3. A Roberto no le gusta ______________.

4. Adriana está tarde y tiene que ______________.

4 **¿Negativo o positivo?** Categorize the terms in the word bank according to whether they are good or bad for one's health.

dieta equilibrada	ser un teleadicto	entrenarse	llevar vida sana
fumar	sufrir muchas presiones	comer en exceso	consumir mucho alcohol
hacer gimnasia	colesterol	ser un drogadicto	buena nutrición
tomar vitaminas	hacer ejercicios de estiramiento	comer comida sin grasa	levantar pesas
llevar vida sedentaria			

Positivo para la salud	**Negativo para la salud**
____________________	____________________
____________________	____________________
____________________	____________________
____________________	____________________
____________________	____________________
____________________	____________________
____________________	____________________
____________________	____________________

5 **El/La monitor(a)** You are a personal trainer, and your clients' goals are listed below. Give each one a different piece of advice, using familiar commands and expressions from **Preparación**.

1. "Quiero adelgazar". ____________________
2. "Quiero tener músculos bien definidos". ____________________
3. "Quiero quemar grasa". ____________________
4. "Quiero respirar sin problemas". ____________________
5. "Quiero correr una maratón". ____________________
6. "Quiero engordar un poco". ____________________

6 **Los alimentos** Write whether these food categories are rich in **vitaminas, minerales, proteínas,** or **grasas.**

1. carnes ____________________
2. agua mineral ____________________
3. mantequilla ____________________
4. frutas ____________________
5. huevos ____________________
6. aceite ____________________
7. vegetales ____________________
8. cereales enriquecidos (*fortified*) ____________________

GRAMÁTICA

15.1 Past participles used as adjectives

1 **Completar** Complete the sentences with the correct past participle forms of these verbs.

1. (prestar) Estoy haciendo ejercicio con una bicicleta ______________________.
2. (abrir) Dame la botella ______________________ de vitaminas.
3. (hacer) La comida está ______________________ con mucha grasa.
4. (escribir) Lee la tabla de nutrición ______________________ en los alimentos.
5. (poner) ¿Está la mesa de la merienda ______________________?
6. (ahorrar) Voy a pagar el gimnasio con el dinero que tengo ______________________.
7. (guardar) Porque estoy a dieta tengo muchos dulces ______________________.
8. (perder) Estoy muy contenta con mis kilos ______________________.
9. (preferir) Todos los días hago mis ejercicios ______________________.
10. (torcer) Me duele mucho mi músculo ______________________.

2 **Las consecuencias** Complete the sentences with **estar** and the correct past participle.

modelo
La Sra. Gómez cerró la farmacia.
La farmacia *está cerrada.*

1. Julia resolvió sus problemas de nutrición. Sus problemas ______________________.
2. Antonio preparó su bolsa del gimnasio. Su bolsa ______________________.
3. Le vendimos las vitaminas a José. Las vitaminas ______________________.
4. El doctor le prohibió comida con grasa. La comida con grasa ______________________.
5. El maestro habló para confirmar la clase de ejercicios. La clase de ejercicios ______________________.
6. Carlos y Luis se aburrieron de ir al gimnasio. Carlos y Luis ______________________.

3 **¿Cómo están?** Label each drawing with a complete sentence, using the nouns provided with **estar** and the past participle of the verbs.

1. pavo/ servir ______________________

2. cuarto/ desordenar ______________________

3. cama/ hacer _______________ 4. niñas/ dormir _______________

4 **El misterio** Complete this paragraph with the correct past participle forms of the verbs in the word bank. Use each verb only once.

morir	escribir	resolver	sorprender	cubrir
abrir	poner	romper	hacer	desordenar

El detective llegó al hotel con el número de la habitación ___(1)___ en un papel. Entró en la habitación. La cama estaba ___(2)___ y la puerta del baño estaba ___(3)___. Vio a un hombre que parecía estar ___(4)___ porque no movía ni un dedo. El hombre tenía la cara ___(5)___ con un periódico y no tenía zapatos ___(6)___. El espejo estaba ___(7)___ y el baño estaba ___(8)___. De repente, el hombre se levantó y salió corriendo sin sus zapatos. El detective se quedó muy ___(9)___ y el misterio nunca fue ___(10)___.

5 **Preguntas personales** Write short paragraphs answering these two questions. Use past participles as often as possible.

1. ¿Estás preocupado/a por estar en buena forma?

____

2. ¿Estás interesado/a en comer una dieta equilibrada?

____

15.2 The present perfect

1 **¿Qué han hecho?** Complete each sentence with the present perfect of the verb in parentheses.

modelo
(hacer) Marcos y Felipe ______ sus tareas de economía.
Marcos y Felipe han hecho sus tareas de economía.

1. (comer) Gloria y Samuel ______________________ comida francesa.
2. (ver) (Yo) ______________________ la última película de ese director.
3. (leer) Pablo y tú ______________________ novelas de García Márquez.
4. (tomar) Liliana ______________________ la clase de economía.
5. (ir) (Nosotros) ______________________ a esa discoteca antes.
6. (escribir) (Tú) ______________________ un mensaje electrónico al profesor.

2 **¿Qué han hecho esta tarde?** Write sentences that say what these people have done this afternoon. Use the present perfect.

1. Roberto y Marta

____

2. Víctor

____

3. (tú)

____

4. Ricardo

____

5. (yo)

____

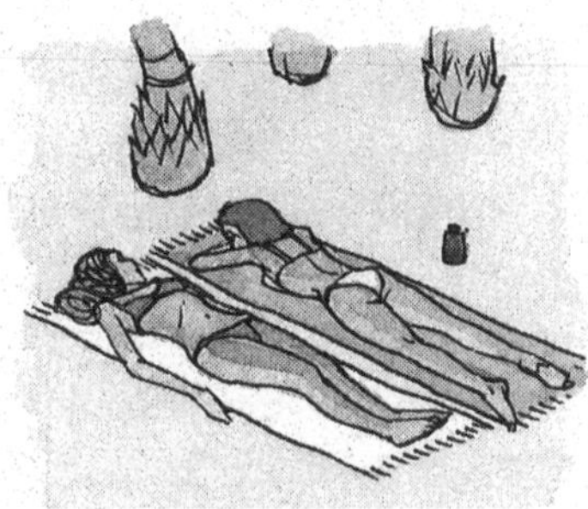

6. Claudia y yo

____

Nombre ____________________ Fecha ____________________

Workbook

3 **Ha sido así** Rewrite the sentences, replacing the subject with the one in parentheses.

1. Hemos conocido a varios venezolanos este año. (tú)

2. Gilberto ha viajado por todos los Estados Unidos. (yo)

3. ¿Has ido al museo de arte de Boston? (Uds.)

4. Paula y Sonia han hecho trabajos muy buenos. (Virginia)

5. He asistido a tres conferencias de ese autor. (los estudiantes)

6. Mi hermano ha puesto la mesa todos los días. (mi madre y yo)

4 **Todavía no** Rewrite the sentences to say that these things have not yet been done. Use the present perfect.

modelo
Su prima no va al gimasio.
Su prima *todavía no ha ido* al gimnasio.

1. Pedro y Natalia no nos dan las gracias.

2. Los estudiantes no contestan la pregunta.

3. Mi amigo Pablo no hace ejercicio.

4. Esas chicas no levantan pesas.

5. Tú no estás a dieta.

6. Rosa y yo no sufrimos muchas presiones.

Nombre ______________________ Fecha ______________________

Workbook

15.3 The past perfect

1 **Vida nueva** Complete this paragraph with the past perfect forms of the verbs in parentheses.

Antes del accidente, mi vida (ser) ______(1)______ tranquila y sedentaria. Hasta ese momento, (yo) siempre (mirar) ______(2)______ mucho la televisión y (comer) ______(3)______ en exceso. Nada malo me (pasar) ______(4)______ nunca. El día en que pasó el accidente, mis amigos y yo nos (encontrar) ______(5)______ para ir a nadar en un río. (Nosotros) Nunca antes (ir) ______(6)______ a ese río. Cuando llegamos, entré de cabeza al río. (yo) No (ver) ______(7)______ las rocas que estaban debajo del agua. Me di con las rocas en la cabeza. Mi hermana, que (ir) ______(8)______ con nosotros al río, me sacó del agua. Todos mis amigos se (quedar) ______(9)______ fuera del agua cuando vieron lo que me pasó. Entre todos me llevaron al hospital. En el hospital, los médicos me dijeron que yo (tener) ______(10)______ mucha suerte. (Yo) No me (lastimar) ______(11)______ la espalda demasiado, pero tuve que hacer terapia (*therapy*) física por muchos meses. (Yo) Nunca antes (preocuparse) ______(12)______ por estar en buena forma, ni por ser fuerte. Ahora hago gimnasia y soy una persona activa, flexible y fuerte.

2 **Nunca antes** Rewrite the sentences to say that these people had never done these things before.

modelo

Julián se compró un coche nuevo.
Julián nunca antes se había comprado un coche nuevo.

1. Tu novia fue al gimnasio por la mañana.

____

2. Carmen corrió en la maratón de la ciudad.

____

3. Visité los países de América del Sur.

____

4. Los estudiantes escribieron trabajos de veinte páginas.

____

5. Armando y Cecilia esquiaron en los Andes.

____

6. Luis y yo tenemos un perro en casa.

____

7. Condujiste el coche de tu papá.

____

8. Ramón y tú nos prepararon la cena.

____

Workbook

3 **Ya había pasado** Combine the sentences, using the preterite and the past perfect.

modelo

Elisa pone la televisión. Jorge ya se ha despertado.
Cuando Elisa puso la televisión, Jorge ya se había despertado.

1. Lourdes llama a Carla. Carla ya ha salido.
2. Tu hermano vuelve a casa. Ya has terminado de cenar.
3. Llego a la escuela. La clase ya ha empezado.
4. Uds. nos buscan en casa. Ya hemos salido.
5. Salimos a la calle. Ya ha empezado a nevar.
6. Ellos van a las tiendas. Las tiendas ya han cerrado.
7. Lilia y Juan encuentran las llaves. Raúl ya se ha ido.
8. Preparas el almuerzo. Yo ya he comido.

4 **Tiger Woods** Write a paragraph about the things that Tiger Woods had achieved by age 21. Use the phrases from the word bank with the past perfect. Start each sentence with **Ya.** The first one has been done for you.

hacerse famoso	establecer (*set*) muchos récords importantes
empezar a jugar como jugador de golf profesional	ser la primera persona de origen negro o asiático en ganar un campeonato
ganar millones de dólares	estudiar en la universidad de Stanford
ser el campeón (*champion*) más joven del Masters de golf	

Cuando tenía 21 años, Tiger Woods ya se había hecho famoso.

Nombre ______________________ Fecha ______________________

Workbook

PREPARACIÓN

Lección 16

1 **El anuncio** Answer the questions about this help-wanted ad, using complete sentences.

EMPRESA MULTINATIONAL BUSCA:
• Contador • Gerente • Secretario
Salarios varían según la experiencia. Seguro *(Insurance)* de salud, plan de jubilación 401(k), dos semanas de vacaciones.
Enviar currículum y carta de presentación por fax o por correo para concertar *(schedule)* una entrevista con el Sr. Martínez.

1. ¿Cuántos puestos hay?

____

2. ¿Cuáles son los sueldos?

____

3. ¿Qué beneficios ofrece la empresa?

____

4. ¿Qué deben enviar los aspirantes?

____

5. ¿Quién es el Sr. Martínez?

____

6. ¿Se explica en el anuncio que hay que llenar (*fill out*) una solicitud?

____

2 **Vida profesional** Complete the paragraph with items from the word bank.

aspirante	empresa	salario	currículum	renunciar	beneficios	entrevista
profesión	entrevistadora	anuncio	éxito	obtener	puesto	ascenso

Vi el ______(1)______ en el periódico. Se necesitaban personas que hablaran español e inglés para un ______(2)______ de editora en una pequeña ______(3)______ que se encontraba en el centro de la ciudad. Preparé mi ______(4)______ con mucha atención y lo envié por *fax*. Esa tarde me llamó la ______(5)______, que se llamaba la Sra. Pineda. Me dijo que el ______(6)______ que ofrecían no era demasiado alto, pero que los ______(7)______, como el seguro de salud y el plan de jubilación, eran excelentes. Era una buena oportunidad para ______(8)______ experiencia. Me pidió que fuera a la oficina al día siguiente para hacerme una ______(9)______. Había otro ______(10)______ en la sala de espera cuando llegué. Me puse un poco nerviosa. Ese día decidí ______(11)______ a mi trabajo anterior (*previous*) y desde entonces ejerzo (*I practice*) la ______(12)______ de editora. ¡He tenido mucho ______(13)______!

3 **Una es diferente** Fill in the blanks with the words that don't belong in the groups.

1. ocupación, reunión, oficio, profesión, trabajo ______
2. pintor, psicólogo, maestro, consejero ______
3. arquitecta, diseñadora, pintora, bombera ______
4. invertir, currículum, corredor de bolsa, negocios ______
5. sueldo, beneficios, aumento, renunciar, ascenso ______
6. puesto, reunión, entrevista, videoconferencia ______

4 **Las ocupaciones** Fill in the blanks with the profession of the person who would make each statement.

1. "Decido dónde poner los elementos gráficos de las páginas de una revista".

   ______

2. "Ayudo a las personas a resolver sus problemas. Hablan conmigo y buscamos soluciones".

   ______

3. "Defiendo a mis clientes y les doy consejos legales".

   ______

4. "Investigo las cosas que pasan y escribo artículos sobre los eventos".

   ______

5. "Les doy clases a los niños en la escuela".

   ______

6. "Hago experimentos y publico los resultados en una revista".

   ______

5 **¿Quién lo usa?** Label each drawing with the profession associated with the object.

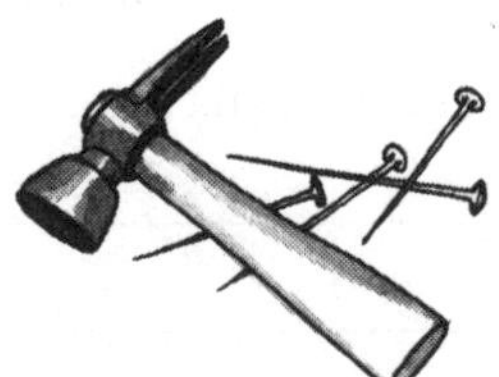

1. ______

2. ______

3. ______

4. ______

Nombre ______________________ Fecha ______________________

Workbook

GRAMÁTICA

16.1 The future tense

1 **Preguntas** Answer the questions with the future tense and the words in parentheses.

modelo
¿Qué vas a hacer hoy? (los quehaceres)
Haré los quehaceres.

1. ¿Cuándo vamos a jugar al fútbol? (el jueves)
____
2. ¿Cuántas personas va a haber en la clase? (treinta)
____
3. ¿A qué hora vas a venir? (a las nueve)
____
4. ¿Quién va a ser el jefe de Delia? (Esteban)
____
5. ¿Dentro de cuánto va a salir Juan? (una hora)
____
6. ¿Quiénes van a estar en la fiesta? (muchos amigos)
____

2 **Yo también** Write sentences with the elements provided, using the future tense. Then ask what the people in parentheses will be doing. Answer that they will do the same thing.

modelo
Uds. / salir a un restaurante hoy (Pedro)
Uds. saldrán a un restaurante hoy. ¿Y Pedro?
Pedro también saldrá a un restaurante hoy.

1. Rosa / ir todos los días al gimnasio (Uds.)
____
2. (nosotros) / venir a la universidad el lunes (tú)
____
3. Carlos y Eva / poner la televisión esta noche (Lina)
____
4. (yo) / traer una botella de vino a la fiesta (Pablo)
____
5. tu madre / preparar un pavo para la cena (nosotros)
____
6. (tú) / hacer la tarea en la biblioteca (ellos)
____

Workbook

3 **Será así** Rewrite each sentence to express probability. Each new sentence should start with a verb in the future tense.

modelo
Creemos que se llega por esta calle.
Se llegará por esta calle.

1. Es probable que sea la una de la tarde.

2. Creo que ellas están en casa.

3. Estamos casi seguros de que va a nevar hoy.

4. ¿Crees que ella tiene clase ahora?

5. Es probable que ellos vayan al cine luego.

6. Creo que estamos enfermos.

4 **¿Cuándo será?** Write sentences with the elements provided. Use the future tense in the main clause of each sentence.

modelo
Laura / limpiar / la casa / en cuanto / (ella) / tener tiempo
Laura limpiará la casa en cuanto tenga tiempo.

1. Lilia / ir / a tu casa / tan pronto como / (tú) / llamarla

2. (yo) / viajar a Europa / cuando / (yo) / tener dinero

3. Uds. / comprar / un coche / en cuanto / el nuevo modelo / salir

4. (tú) / poder usar la computadora / cuando / Claudia / irse

5. Ricardo / poner la música / después de que / los invitados / llegar

6. cuando / (tú) / venir a mi casa / (tú) / ver / las fotos

7. (nosotros) / buscar trabajo / tan pronto como / (nosotros) / graduarnos

8. en cuanto / Elsa / terminar el trabajo / su jefe / pagarle

Nombre ______________________ Fecha ______________________

Workbook

16.2 The conditional tense

1 **¿Lo haría?** Rosa is not happy with her current job. What would happen if she looked for a new job? Complete the sentences with the conditional forms of the verbs in parentheses.

1. (buscar) Rosa ______________________ trabajo en los anuncios del periódico, pero no (encontrar) ______________________ nada.
2. (preguntar) Entonces, ella ______________________ a un amigo.
3. (aconsejar) Él le ______________________ que busque oportunidades de trabajo en el Internet.
4. (solicitar) Rosa ______________________ un puesto relacionado con su profesión.
5. (llevar) Ella ______________________ la solicitud de trabajo a la empresa.
6. (entrevistar) En la compañía, ella se ______________________ con el gerente.
7. (hablar) El gerente ______________________ del puesto.
8. (preguntar) Rosa ______________________ del salario y de los beneficios.
9. (estar) Alguno de los dos no ______________________ de acuerdo (*agree*).
10. (tener) Rosa ______________________ que buscar trabajo en otro lugar.

2 **La entrevista** You are talking to a friend about a possible job interview. Write a paragraph explaining what you would do if you were granted an interview.

buscar información sobre la empresa	tener el currículum
saber lo que hace la compañía	hablar sobre mi carrera
llenar la solicitud de trabajo	(no) reír muy fuerte
vestirse de forma profesional	decir mi salario ideal
(no) ponerse sombrero	hacer preguntas sobre los beneficios
llegar temprano a la entrevista	(no) comer nada en la reunión
saludar al / a la entrevistador(a)	finalmente, dar las gracias al / a la entrevistador(a)

____

____

____

____

____

____

____

____

____

Nombre ______________________ Fecha ______________________

Workbook

3 **Los buenos modales** *(manners)* Rewrite these commands as polite requests, using the conditional.

modelo
Termina el trabajo hoy antes de irte.
¿Terminarías el trabajo hoy antes de irte, por favor?

1. Lleva mi currículum al entrevistador. ______________________
2. Llama a Marcos esta tarde. ______________________
3. Escucha la videoconferencia. ______________________
4. Dame un aumento de sueldo. ______________________
5. Ven a trabajar el sábado y el domingo. ______________________
6. Búscame en la oficina a las seis. ______________________

4 **¿Sería así?** Change the sentences into questions that ask what might have happened. Use the conditional tense.

modelo
Natalia recibió un aumento de sueldo. (tener éxito su proyecto)
¿Tendría éxito su proyecto?

1. Natalia se durmió en la videoconferencia de hoy. (salir a bailar anoche)
____
2. El jefe de Natalia le habló. (despedir su jefe a Natalia)
____
3. Natalia se fue a su casa. (renunciar Natalia a su puesto)
____
4. Natalia obtuvo un aumento de sueldo. (estar loco su jefe)
____

5 **Eso pensamos** Write sentences using the conditional of the verbs in parentheses.

modelo
Nosotros decidimos (Uds. / tener tiempo) para estar en la reunión.
Nosotros decidimos que Uds. tendrían tiempo para estar en la reunión.

1. Yo pensaba (mi jefe / estar enojado) porque llegué tarde a la reunión.
____
2. Beatriz dijo (en la reunión / presentar al nuevo empleado).
____
3. Marta y Esther creían (en la reunión / hablar del aumento) en los sueldos de los empleados.
____
4. Mi jefe dijo (el gerente / tener noticias buenas) del éxito de la compañía.
____

Nombre ______________________ Fecha ______________________

Workbook

16.3 The past subjunctive

1 **Si pudiera** Complete the sentences with the past subjunctive of the verbs in parentheses.

1. El arqueólogo se alegró de que todos (hacer) ______________ tantas preguntas.
2. Mi madre siempre quiso que yo (estudiar) ______________ arquitectura.
3. Te dije que cuando (ir) ______________ a la entrevista, deberías llevar tu currículum.
4. Tal vez no fue una buena idea que nosotros le (escribir) ______________ esa carta.
5. Era una lástima que su esposo (tener) ______________ que trabajar tanto.
6. Luisa dudaba que ese empleo (ser) ______________ su mejor alternativa.
7. Era probable que Francisco (llevarse) ______________ mal con sus jefes.
8. Laura buscaba músicos que (saber) ______________ tocar el saxofón.
9. Uds. no estaban seguros de que el reportero (conocer) ______________ al actor.
10. Fue extraño que Daniela y tú (entrevistarse) ______________ para el mismo trabajo.

2 **Opiniones** Rewrite the sentences, replacing the words in italics with the words in parentheses. Change verbs and pronouns as needed.

modelo

Quizás fue mejor que *Aurelio* no participara. (nosotros)
Quizás fue mejor que no participáramos.

1. Era ridículo que *tu jefe* te pagara tan poco dinero. (los gerentes)

   ____

2. Lourdes esperaba que *yo* obtuviera un buen puesto. (sus hijos)

   ____

3. Nosotros temíamos que *los electrodomésticos* se dañaran. (el carro)

   ____

4. Queríamos que *los políticos* dijeran siempre la verdad. (tú)

   ____

5. Le aconsejé que *ella* escribiera su currículum con mucha atención. (ellas)

   ____

6. Marta sintió que *Uds.* tuvieran que esperarla. (nosotros)

   ____

Nombre ______________________ Fecha ______________________

3 **Lo contrario** Complete the second sentences to say the opposite of the first ones.

modelo

Nadie dudaba que el candidato era muy bueno.
Nadie estaba seguro de que el candidato fuera muy bueno.

1. Nadie dudaba de que el ascenso de Miguel fue justo (*fair*).

No estabas seguro de que ______________________.

2. Era obvio que todos los participantes sabían usar las computadoras.

No fue cierto que ______________________.

3. Raquel estaba segura de que las reuniones no servían para nada.

Pablo dudaba que ______________________.

4. Fue cierto que Rosa tuvo que ahorrar mucho dinero para invertirlo.

No fue verdad que ______________________.

5. No hubo duda de que la videoconferencia fue un desastre (*disaster*).

Tito negó que ______________________.

6. No negamos que los maestros recibieron salarios bajos.

La directora negó que ______________________.

4 **El trabajo** Complete the paragraph with the past subjunctive, the preterite, or the imperfect of the verbs in parentheses as appropriate.

MARISOL ¡Hola, Pepe! Me alegré de que (tú) (conseguir) ______ (1) el trabajo de arquitecto.

PEPE Sí, aunque fue una lástima que (yo) (tener) ______ (2) que renunciar a mi puesto anterior.

MARISOL No dudaba de que (ser) ______ (3) una buena decisión cuando lo supe.

PEPE No estaba seguro de que este puesto (ser) ______ (4) lo que quería, pero está muy bien.

MARISOL Estoy segura de que (tú) (hacer) ______ (5) muy bien la entrevista.

PEPE Me puse un poco nervioso, sin que eso (afectar) ______ (6) mis respuestas.

MARISOL Sé que ellos necesitaban a alguien que (tener) ______ (7) tu experiencia.

PEPE Era cierto que ellos (necesitar) ______ (8) a muchas personas para la oficina nueva.

Nombre ______________________ Fecha ______________________

Workbook

AVENTURAS EN LOS PAÍSES HISPANOS

El Caribe

1 **El mapa** Write each of these words in the appropriate country in the map.

La Habana Vieja	población: 11.338.000	el fuerte El Morro
Fajardo	Pedro Martínez	Palacio de los Capitanes Generales
Mayagüez	Guantánamo	Santo Domingo
el béisbol	el merengue	la isla de Vieques

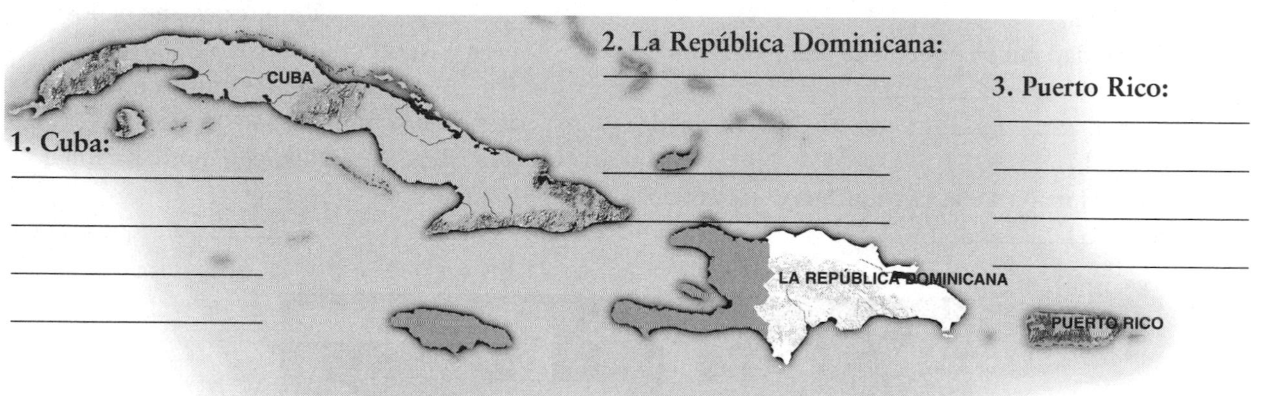

2 **Sopa de lugares** Write the words to complete these sentences about places in **El Caribe.** Then circle them in the grid.

1. Ciudad de Puerto Rico con 244.000 de población: ______________
2. Las islas que son rodeadas por el mar Caribe: ______________ .
3. Puerto Rico, Cuba y República Dominicana están en El ______________ .
4. Capital de Cuba: La ______________ .
5. Juan Luis Guerra es un cantante de República ______________ .
6. El sitio más fotografiado de Puerto Rico es El ______________ .
7. El Morro está en la Bahía de San ______________ .
8. Una de las ciudades principales dominicanas es Santiago de los ______________ .
9. La parte Antigua de la capital de Cuba se llama La Habana ______________ .
10. La capital de ______________ Rico es San Juan.

S	O	C	A	B	A	L	L	E	R	O	S	H
C	B	N	D	M	P	G	R	K	J	C	M	A
D	O	M	I	N	I	C	A	N	A	Y	O	B
Z	R	F	U	A	C	B	B	Y	S	B	R	A
P	Z	R	U	I	L	T	M	P	P	A	R	N
U	P	H	A	B	A	N	A	I	I	L	O	C
E	F	N	M	U	J	J	N	T	N	L	I	A
R	G	J	L	I	A	K	T	P	N	E	T	G
T	T	U	T	C	A	R	I	B	E	R	G	U
O	B	A	P	D	U	O	L	G	R	A	E	A
M	G	N	P	U	E	J	L	B	E	Ñ	N	S
O	G	W	E	J	K	L	A	J	N	S	K	S
T	V	I	E	J	A	M	S	I	J	U	A	M

Nombre ______________________ Fecha ______________________

3 Palabras cruzadas (*crossed*) Complete this crossword puzzle based on the clues provided.

Horizontales

1. Las ____________ y los animales del Caribe son muy variados y exóticos.
2. La salsa nació en ____________.
3. ____________ es una ciudad puertorriqueña que está entre Mayagüez y Fajardo.
4. ____________ es una ciudad dominicana con 330.000 de población.
5. ____________ se construyó en el siglo XVI en San Juan.
6. La ciudad cubana que tiene una población de 313.000 es ____________.
7. El mar ____________ está al Este de América Central.
8. En la Habana Vieja hay muchas casas antiguas con ____________.

Verticales

1. El Morro fue construido por los españoles para defenderse de los ____________
2. Actualmente, El Morro es un ____________ que atrae a miles de turistas.
3. La ciudad de Cuba con 449.000 de población es ____________.
4. Antes las canciones del merengue hablaban de problemas ____________.
5. ____________ Ramírez es uno de los famosos beisbolistas dominicanos.
6. El ____________ es la música tradicional de República Dominicana.
7. El ____________ es el deporte nacional dominicano.
8. El Morro es un ____________ que está en Puerto Rico.

4 **Las fotos** Write complete sentences describing the activities or places in the photos.

1. ____________
2. ____________
3. ____________

Nombre ______________________ Fecha ______________________

Workbook

REPASO

Lecciones 13–16

1 **¿Subjuntivo o indicativo?** Write senetences, using the elements provided and either the subjunctive or the indicative, depending on the cues and context.

1. La madre / esperar / Jorge / conseguir un trabajo pronto

____

2. (nosotros) / no negar / trabajar más de ocho horas diarias / ser duro

____

3. Ser imposible / Marisa y Rubén / ayudar con el nuevo proyecto

____

4. Uds. / alegrarse / Natalia / regresar a nuestra oficina

____

5. Ser cierto / el jefe / ganar mucho dinero

____

2 **¡Que sí! ¡Que no!** Your mother and father disagree on the things that you and the family should do. Write positive and negative commands for the subjects indicated.

1. comer en casa (nosotros)

____

2. estudiar por las noches (tú)

____

3. visitar a la abuela (nosotros)

____

4. comprar un coche nuevo (tú)

____

5. limpiar la casa (nosotros)

____

3 **Las conjunciones** Use the subjunctive or the indicative of the verbs in parentheses.

1. Debes hacer gimnasia todas las semanas, a menos que (querer) ______________ engordar.
2. Gabriela nunca hace ejercicios de estiramiento cuando (ir) ______________ al gimnasio.
3. Siempre me ducho después de que (levantar) ______________ pesas.
4. A Martín y a su novia les recomiendan estar a dieta para que (llevar) ______________ una vida sana.
5. Con tal de que Susana (estar) ______________ en forma, yo pagaría por sus clases de ejercicios aeróbicos.
6. Mi hermana aumenta de peso en cuanto (dejar) ______________ de entrenar.

Nombre ______________________ Fecha ______________________

4 **Hemos dicho** Complete the dialogues with the present perfect or the past perfect as appropriate.

DARÍO Marcela, ¿ ______(1) (ir) al supermercado últimamente?

MARCELA No, las últimas dos semanas ______(2) (estar) muy ocupada y no ______(3) (hacer) compras.

DARÍO ¡Nunca te ______(4) (ver) tan ocupada en tu vida!

JOSÉ Debo ir al banco. Hace tres días que tengo un cheque y no lo ______(5) (cobrar) todavía.

MIGUEL Yo nunca cobro los cheques. Hasta hoy, siempre los ______(6) (depositar) en mi cuenta de ahorros.

JOSÉ De todas maneras es un poco tarde y probablemente el banco ______(7) (cerrar) sus puertas. Iré a cobrar el cheque mañana.

MAGDALENA ¡Estamos perdidas en la ciudad otra vez, Sonia! Yo nunca antes ______(8) (estar) perdida en la ciudad.

SONIA Antes de venir aquí, yo ______(9) (preparar) un plan de viaje... ¡para no perderme!

MAGDALENA Cuando salimos, mi tía ya me ______(10) (dar) unas direcciones escritas, pero las olvidé en mi escritorio. ¡Qué mala suerte!

5 **Ecología** Complete the sentences with the conditional of the verbs in parentheses.

1. Me (gustar) ______ hacer algo para evitar la contaminación del agua.
2. Si conseguimos dinero, (nosotros) (poder) ______ comenzar por reciclar los periódicos.
3. La deforestación en exceso (tener) ______ consecuencias terribles en nuestra provincia.
4. A José le (interesar) ______ estar en un grupo de protección del medio ambiente, pero primero (querer) ______ investigar un poco al respecto.
5. Mis hermanos dicen que (ir) ______ a otro país para aprender sobre la conservación de los recursos naturales.

6 **El extranjero** Write a paragraph, keeping in mind the indicative and subjunctive tenses.

- Describe what you like and dislike about living in the U.S. What would you recommend to someone new?
- What would your childhood have been like if you had grown up in a Spanish-speaking country?
- Finally, mention where you will live in the future and why.

____

____

____

____

____

____

____

____

¡TODOS A BORDO!

Lección 1

Antes de ver el video

1 **¿Qué tal?** In this video segment, Álex, Javier, Maite, and Inés are meeting for the first time as they prepare to leave for a hiking trip. Look at the video still and write down what you think Álex and Javier are saying to each other.

____
____
____
____
____
____
____

Mientras ves el video

2 **Completar** (00:02:18 – 00:04:54) Watch the **¡Todos a bordo!** segment of this video module and complete the gaps in the following sentences.

1. SRA. RAMOS: Hola, don Francisco. ¿Cómo _______________ usted?
2. DON FRANCISCO: Bien, gracias. ¿Y _______________?
3. SRA. RAMOS: ¿_______________ hora es?
4. DON FRANCISCO: _______________ las diez.
5. SRA. RAMOS: Tengo _______________ documentos para ustedes.
6. DON FRANCISCO: Y _______________ soy don Francisco, el conductor.
7. SRA. RAMOS: Aquí tienes _______________ documentos de viaje.
8. INÉS: Sí, yo _______________ Inés.
9. JAVIER: ¿Qué tal? Me _______________ Javier.
10. ÁLEX: Mucho _______________, Javier.
11. ÁLEX: _______________ soy Álex.
12. INÉS: _______________ permiso.

3 **¿De dónde son?** (00:04:55 – 00:05:49) Watch the **Resumen** segment of this video module and indicate which country each traveler is from.

Nombre	País (country)
1. Inés	_______________
2. Maite	_______________
3. Javier	_______________
4. Álex	_______________

Nombre ____________________ Fecha ____________________

Después de ver el video

4 **¿Quién?** Write the name of the person who said each thing.

1. Sí, señora. ____________________
2. Soy del Ecuador, de Portoviejo. ____________________
3. Oye, ¿qué hora es? ____________________
4. Oiga, ¿qué hora es? ____________________
5. ¡Adiós a todos! ____________________
6. Y tú eres Alejandro Morales Paredes, ¿no? ____________________
7. Son todos. ____________________
8. Mucho gusto, Javier. ____________________
9. De Puerto Rico. ¿Y tú? ____________________
10. ¿Javier Gómez Lozano? ____________________
11. Buenos días, chicos. ____________________
12. Aquí, soy yo. ____________________
13. ¡Todos a bordo! ____________________
14. ¿Y los otros? ____________________
15. ¡Buen viaje! ____________________

5 **Hola...** Imagine that you have just met the man or woman of your dreams, who speaks only Spanish! Don't be shy! In the space provided, write down what the two of you would say in your first conversation to get to know each other.

6 **Episodio dos** In the second episode of the video program, the four travelers talk about their classes. What kinds of things do you think they will say to each other?

Nombre ______________________ Fecha ______________________

¿QUÉ CLASES TOMAS?

Lección 2

Antes de ver el video

1 **Impresiones** Based on your impressions of the four travelers in Lesson 1, write the names of the classes you think each person is taking and of the classes you think each person is most interested in. Choose the character you think is the most studious, and the character you think is the most talkative.

ÁLEX	INÉS	JAVIER	MAITE
________	________	________	________
________	________	________	________
________	________	________	________

Mientras ves el video

2 **¿Quién y a quién?** (00:06:10 – 00:10:14) Watch the **¿Qué clases tomas?** segment of this video module and indicate who asks these questions and to whom each question is directed. One question is directed to two different people.

Preguntas	¿Quién?	¿A quién?
1. ¿Qué tal las clases en la UNAM?	________	________
2. ¿También tomas tú geografía?	________	________
3. ¿Cómo te llamas y de dónde eres?	________	________
4. ¿En qué clase hay más chicos?	________	________
5. ¿No te gustan las computadoras?	________	________

3 **En la UNAM** (00:07:21 – 00:07:47) Watch Álex's flashback about the **Universidad Nacional Autónoma de México**. Select all the people, actions, items, and places shown in this flashback.

chicas ________
turistas ________
estudiantes ________
chicos ________

hablar ________
dibujar ________
estudiar ________
viajar ________

grabadora ________
papel ________
computadoras ________
biblioteca ________

4 **Resumen** (00:10:15 – 00:11:49) Watch the **Resumen** segment of this video module and complete the following sentences.

1. Hay ________________ personas en el grupo.
2. Hay ________________ chicos en el grupo.
3. Hay ________________ chicas en el grupo.
4. Inés toma inglés, historia, arte, sociología y ________________.
5. Maite toma inglés, literatura y ________________.
6. Los chicos son de la Universidad San Francisco de ________________.
7. Javier toma ________________ clases este semestre.
8. Javier toma historia y ________________ los lunes, miércoles y viernes.
9. Javier toma ________________ los martes y jueves.
10. Para Javier, ¡las ________________ no son interesantes!

Video Manual

Después de ver el video

5 **Corregir** The underlined elements in the following statements are incorrect. Supply the correct words in the blanks provided.

1. Javier tiene (*has*) una computadora.
   ____
2. Álex toma geografía, inglés, historia, arte y sociología.
   ____
3. Maite tiene un amigo en la UNAM.
   ____
4. Inés es de México.
   ____
5. Inés toma una clase de computación.
   ____
6. Álex toma inglés, literatura y periodismo.
   ____
7. Javier toma cinco clases este semestre.
   ____
8. Javier es de Portoviejo.
   ____

6 **Asociar** List the three words or phrases from the box that you associate with each character.

historia, computación, arte	cinco clases	¡Qué aventura!
del Ecuador	dibujar	de Puerto Rico
periodismo	Radio Andina	¡Adiós, Mitad del Mundo!
la UNAM	estudiar mucho	Hola, Ricardo...

1. Álex	**2. Maite**	**3. Inés**	**4. Javier**
________	________	________	________
________	________	________	________
________	________	________	________
________	________	________	________
________	________	________	________

7 **¿Y tú?** Write a brief paragraph that tells who you are, where you are from, where you study (city and name of university), and what classes you are taking this semester.

____
____
____
____
____
____
____

Video Manual

¿ES GRANDE TU FAMILIA?

Lección 3

Antes de ver el video

1 **Examinar el título** Look at the title of the video module. Based on the title and the video still below, what do you think you will see in this episode? Use your imagination.

____
____
____
____
____
____
____
____

Mientras ves el video

2 **¿Sí o no?** (00:12:14 – 00:15:23) Indicate whether each statement about the **¿Es grande tu familia?** video segment is correct.

Afirmación	Sí	No
1. Inés tiene una familia muy pequeña.	______	______
2. La cuñada de Inés es una médica italiana.	______	______
3. Javier no tiene hermanos.	______	______
4. El padre de Javier es alto.	______	______
5. El abuelo de Javier tiene setenta y un años.	______	______
6. El abuelo de Javier trabaja mucho.	______	______

3 **La familia de Inés** (00:12:41 – 00:13:29) Select each person or thing shown in Inés's flashback about her family.

____ a family dinner
____ the skyline of Quito
____ scenes of the Ecuadorian countryside
____ Inés hugging her mother
____ Inés's sister-in-law, Francesca
____ Inés's niece, Graciela
____ Inés's nephew, Vicente
____ Inés's younger brother
____ Inés's older brother
____ Inés's grandparents
____ an infant seated in a high chair
____ the parents of Inés's sister-in-law

4 **Resumen** (00:15:25 – 00:16:35) Watch the **Resumen** segment of this video module and indicate whether each statement is **cierto** or **falso.**

	Cierto	Falso
1. La familia de Inés vive en el Ecuador.	❍	❍
2. Inés tiene una familia pequeña.	❍	❍
3. Javier habla del padre de su papá.	❍	❍
4. Maite cree que el padre de Javier es muy alto.	❍	❍
5. Javier tiene una foto de sus padres.	❍	❍

Nombre ______________________ Fecha ______________________

Después de ver el video

5 **Seleccionar** Select the letter of the word or phrase that best completes each sentence.

1. Vicente es el ____________ de Pablo y de Francesca.
   a. primo b. abuelo c. padre d. sobrino
2. Los ____________ de Pablo viven en Roma.
   a. abuelos b. suegros c. hermanos d. padres
3. El ____________ de Inés es periodista.
   a. padre b. sobrino c. primo d. hermano
4. Inés tiene una ____________ que se llama Margarita.
   a. tía b. abuela c. prima d. suegra
5. ____________ de Javier es ____________.
   a. El abuelo; guapo b. La madre; trabajadora c. El padre; alto d. El hermano; simpático
6. ____________ de Javier es ____________.
   a. La abuela; trabajadora b. El hermano; alto c. El padre; trabajador d. La mamá; bonita
7. ____________ tiene ____________.
   a. Javier; calor b. Maite; frío c. Inés; sueño d. don Francisco; hambre
8. Javier dibuja a ____________.
   a. Inés b. Álex c. don Francisco d. Maite

6 **Preguntas** Answer these questions about the video episode.

1. ¿Quién tiene una familia grande?
   ____
2. ¿Tiene hermanos Javier?
   ____
3. ¿Cómo se llama la madre de Javier?
   ____
4. ¿Cuántos años tiene el sobrino de Inés?
   ____
5. ¿Cómo es el abuelo de Javier?
   ____

7 **Preguntas personales** Answer these questions about your family.

1. ¿Cuántas personas hay en tu familia? ¿Cuál es más grande (*bigger*), tu familia o la familia de Inés? ______________________________
2. ¿Tienes hermanos/as? ¿Cómo se llaman? ______________________________
3. ¿Tienes un(a) primo/a favorito/a? ¿Cómo es? ______________________________
4. ¿Cómo es tu tío/a favorito/a? ¿Dónde vive? ______________________________

¡VAMOS AL PARQUE!

Lección 4

Antes de ver el video

1 **Álex y Maite** In this video module, the travelers arrive in Otavalo and have an hour of free time before they check in at their hotel. Álex and Maite, who still don't know each other very well, decide to go to the park together and chat. What kinds of things do you think they will see in the park? What do you think they will talk about?

Mientras ves el video

2 **Completar** (00:17:00 – 00:21:02) These sentences are taken from the **¡Vamos al parque!** segment of this video module. Watch this segment and fill in the blanks with the missing verbs.

1. ______________ una hora libre.
2. Tenemos que ______________ a las cabañas a las cuatro.
3. ¿Por qué no ______________ al parque, Maite?
4. Podemos ______________ y ______________ el sol.

3 **El Parque del Retiro** (00:18:47 – 00:19:21) Select all the activities you see people doing in Maite's flashback about this famous park in Madrid.

___ una mujer patina
___ unos jóvenes esquían
___ dos chicos pasean en bicicleta
___ un chico y una chica bailan
___ tres señoras corren
___ un hombre pasea en bicicleta
___ un niño pequeño está con sus padres
___ dos chicos pasean

4 **Resumen** (00:21:03 – 00:22:03) In the **Resumen** segment of this video episode, don Francisco reflects on the fact that he's not as young as he used to be. Fill in each blank in Column A with the correct word from Column B.

A

1. Los jóvenes tienen mucha ______________ .
2. Inés y Javier desean ______________ por la ciudad.
3. Álex y Maite deciden ir al ______________.
4. Maite desea ______________ unas postales en el parque.
5. A veces Álex ______________ por la noche.
6. Álex invita a Maite a ______________ con él.
7. Don Francisco no ______________ deportes.
8. Pero don Francisco sí tiene mucha energía... para leer el periódico y ______________ un café.

B

corre
pasear
tomar
parque
practica
energía
escribir
correr

Video Manual

Nombre ______________________ Fecha ______________________

Después de ver el video

5 **¿De dónde es?** For items 1-11, fill in the missing letters in each word. For item 12, put the letters in the boxes in the right order to find out the nationality of the young man playing soccer in the park.

1. Álex y Maite van al p __ __ __ __ ☐.
2. A las cuatro tienen que ir a las __ __ __ ☐ __ __ __.
3. ☐ __ r __ __ __ es uno de los pasatiempos favoritos de Maite.
4. Maite escribe __ ☐ __ __ __ __ __ __ __ en el parque.
5. Inés y Javier van a pasear por la __ __ ☐ d __ __.
6. Don Francisco lee el __ e __ __ __ __ __ __ __ ☐.
7. Los cuatro estudiantes tienen una hora l __ __ ☐ __.
8. Los chicos están en la ciudad de __ ☐ __ v __ __ __.
9. Álex es muy __ f __ __ __ __ ☐ __ __ __ a los deportes.
10. Cuando está en __ a __ __ ☐ __, Maite pasea mucho por el Parque del Retiro.
11. Don Francisco toma un c ☐ __ __.
12. El joven del parque es ______________________.

6 **Me gusta** Complete the chart with the activities, pastimes, or sports that you enjoy participating in. Also indicate why and where you do each activity.

Mis pasatiempos favoritos	¿Por qué?	¿Dónde?

7 **Preguntas** Answer these questions in Spanish.

1. ¿Son aficionados/as a los deportes tus amigos/as? ¿Cuáles son sus deportes favoritos?

____

2. ¿Qué hacen tú y tus amigos/as cuando tienen tiempo libre?

____

3. ¿Qué vas a hacer esta noche? ¿Vas a estudiar? ¿Descansar? ¿Mirar televisión? ¿Ver una película? ¿Por qué? ______________________

Video Manual

Nombre ______________________ Fecha ______________________

TENEMOS UNA RESERVACIÓN.

Lección 5

Antes de ver el video

1 **¿Qué hacen?** Don Francisco and the travelers have just arrived at the **cabañas**. Based on the video still, what do you think they are they doing right now? What do you think they will do next?

____

____

____

____

____

____

____

____

Mientras ves el video

2 **¿Quién?** (00:22:28 – 00:25:40) Watch the **Tenemos una reservación** segment of this video module and write the name of the person who says each thing.

Afirmación	Nombre
1. ¿Es usted nueva aquí?	______________
2. ¡Uf! ¡Menos mal!	______________
3. Hola, chicas. ¿Qué están haciendo?	______________
4. Y todo está muy limpio y ordenado.	______________
5. Hay muchos lugares interesantes por aquí.	______________

3 **Los hoteles** (00:23:53 – 00:24:09) Watch don Francisco's flashback about Ecuadorian hotels and then select the sentence that best sums it up.

____ 1. No hay muchos hoteles en el Ecuador.
____ 2. Hay muchas cabañas bonitas en la capital del Ecuador.
____ 3. Don Francisco no va a muchos hoteles.
____ 4. Don Francisco tiene muchos hoteles impresionantes.
____ 5. Los hoteles del Ecuador son impresionantes… hay hoteles de todos tipos (*types*).

4 **Resumen** (00:25:41 – 00:27:36) Watch the **Resumen** segment of this video module and fill in the missing words in each sentence.

1. ÁLEX Javier, Maite, Inés y yo estamos en nuestro ______________ en Otavalo.
2. JAVIER Oigan, no están nada mal las ______________, ¿verdad?
3. INÉS Oigan, yo estoy aburrida. ¿______________ hacer algo?
4. MAITE Estoy cansada y quiero ______________ un poco porque (…) voy a correr con Álex.
5. ÁLEX Es muy inteligente y simpática… y también muy ______________.

Video Manual

Nombre ______________________ Fecha ______________________

Después de ver el video

5 **¿Cierto o falso?** Indicate whether each statement about this video episode is **cierto** or **falso.** Then correct each false statement.

	Cierto	Falso
1. Don Francisco y los viajeros llegan a la universidad.	❍	❍
2. Don Francisco habla con una empleada del hotel.	❍	❍
3. Inés y Álex están aburridos.	❍	❍
4. Javier desea ir a explorar la ciudad un poco más.	❍	❍
5. Maite desea descansar.	❍	❍
6. Álex y Maite van a correr a las seis.	❍	❍

6 **Resumir** In your own words, write a short summary of this video episode in Spanish. Try not to leave out any important information.

7 **Preguntas** Answer these questions in Spanish.

1. ¿Te gusta ir de vacaciones? ¿Por qué?
2. ¿Adónde te gusta ir de vacaciones? ¿Por qué?
3. ¿Con quién(es) vas de vacaciones?

Video Manual

Nombre ______________________ Fecha ______________________

¡QUÉ ROPA MÁS BONITA!

Lección 6

Antes de ver el video

1 **Describir** Look at the video still and describe what you see. Your description should answer these questions: Where is Javier? Who is Javier talking to? What is the purpose of their conversation?

____
____
____
____
____
____
____
____

Mientras ves el video

2 **Ordenar** (00:28:03 – 00:33:06) Watch the **¡Qué ropa más bonita!** segment of this video module and indicate the order in which you heard these lines.

____ 1. Le cuesta ciento cincuenta mil sucres.
____ 2. Me gusta aquélla. ¿Cuánto cuesta?
____ 3. La vendedora me lo vendió a muy buen precio.
____ 4. ¡Qué mal gusto tienes!
____ 5. Mejor vamos a tomar un café. ¡Yo invito!
____ 6. Me gusta regatear con los vendedores.

3 **San Juan** (00:29:03 – 00:29:31) Select each thing you see during Javier's flashback about shopping in San Juan.

____ 1. una vendedora
____ 2. un centro comercial
____ 3. unas camisetas
____ 4. un mercado al aire libre
____ 5. un dependiente
____ 6. una tienda de ropa para niños

4 **Resumen** (00:33:07 – 00:34:11) Watch the **Resumen** segment of this video module and indicate whether Inés, Javier, or the Vendedor said each sentence.

______________ 1. Bueno, para usted... sólo ciento treinta mil sucres.
______________ 2. (...) es muy simpático... ¡y regatea muy bien!
______________ 3. Voy a ir de excursión a las montañas y necesito un buen suéter.
______________ 4. Hoy (...) visitamos un mercado al aire libre.
______________ 5. Mmm... quiero comprarlo. Pero, señor, no soy rico.

Video Manual

Después de ver el video

5 **Completar** Complete the following sentences with the correct words from the word box.

vestido	sombrero	botas
impermeable	caro	montañas
blusa	suéter	rosado
hermana	talla	libre

1. Inés y Javier van de compras a un mercado al aire ______________.
2. Inés quiere comprar algo (*something*) para su ______________ Graciela.
3. Javier compra un ______________ en el mercado.
4. Las bolsas del vendedor son típicas de las ______________.
5. Inés compra una bolsa, una ______________ y un ______________.
6. Javier usa ______________ grande.

6 **Corregir** All of these statements about this video episode are false. Rewrite them and correct the false information.

1. Javier compró un sombrero y una camisa.

   ____

2. Inés prefiere la camisa gris con rayas rojas.

   ____

3. Inés compró una blusa para su hermana.

   ____

4. Javier quiere comprar un traje de baño porque va a la playa.

   ____

7 **Preguntas** Answer these questions in Spanish.

1. ¿Te gusta ir de compras? ¿Por qué? ______________________________

   ____

2. ¿Adónde vas de compras? ¿Por qué? ______________________________

   ____

3. ¿Con quién(es) vas de compras? ¿Por qué? ______________________________

   ____

4. Imagina que estás en un centro comercial y que tienes mil dólares. ¿Qué vas a comprar? ¿Por qué?

   ____

   ____

5. Cuando compras un auto, ¿regateas con el/la vendedor(a)? ______________________________

   ____

Nombre ______________________ Fecha ______________________

¡JAMÁS ME LEVANTO TEMPRANO!

Lección 7

Antes de ver el video

1 **La rutina diaria** In this video module, Javier and Álex chat about their morning routines. What kinds of things do you think they will mention?

____

____

____

____

____

____

____

____

Mientras ves el video

2 **¿Álex o Javier?** (00:34:37 – 00:37:52) Watch the **¡Jamás me levanto temprano!** segment of this video module and select the appropriate column to indicate whether each activity is part of the daily routine of Álex or Javier.

	Álex	**Javier**
1. levantarse tarde	______	______
2. dibujar por la noche	______	______
3. despertarse a las seis	______	______
4. correr por la mañana	______	______
5. escuchar música por la noche	______	______

3 **Ordenar** (00:35:53 – 00:36:12) Watch Álex's flashback about his daily routine and indicate in what order he does the following things.

____ 1. ducharse

____ 2. vestirse

____ 3. levantarse temprano

____ 4. despertarse a las seis

____ 5. afeitarse

____ 6. cepillarse los dientes

4 **Resumen** (00:37:53 – 00:39:11) Watch the **Resumen** segment of this video module and fill in the missing words in these sentences.

1. JAVIER Álex no sólo es mi ______________ sino mi despertador.
2. ÁLEX Me gusta ______________ temprano.

3 ÁLEX Vuelvo, me ducho, ______________ y a las siete y media ______________.

4. JAVIER Hoy ______________ a un mercado al aire libre con Inés.
5. ÁLEX ______________ levanto a las siete menos cuarto y ______________ por treinta minutos.

Video Manual

Después de ver el video

5 **Preguntas** In Spanish, answer these questions about the video module.

1. ¿Qué está haciendo Álex cuando vuelve Javier del mercado?
2. ¿Le gusta a Álex el suéter que compró Javier?
3. ¿Por qué Javier no puede despertarse por la mañana?
4. ¿A qué hora va a levantarse Álex mañana?
5. ¿A qué hora sale el autobús mañana?
6. ¿Dónde está la crema de afeitar?

6 **Preguntas personales** Answer these questions in Spanish.

1. ¿A qué hora te levantas durante la semana? ¿Y los fines de semana?
2. ¿Prefieres acostarte tarde o temprano? ¿Por qué?
3. ¿Te gusta más bañarte o ducharte? ¿Por qué?
4. ¿Cuántas veces por día (*How many times a day*) te cepillas los dientes?
5. ¿Te lavas el pelo todos los días (*every day*)? ¿Por qué?

7 **Tu rutina diaria** In Spanish, describe your morning routine.

Nombre ____________________ Fecha ____________________

¿QUÉ TAL LA COMIDA?

Lección 8

Antes de ver el video

1 **En un restaurante** What kinds of things do you do and say when you have lunch at a restaurant?

Mientras ves el video

2 **¿Quién?** (00:39:36 – 00:44:52) Watch the **¿Qué tal la comida?** segment of this video module and write the name of the person who says each of the following lines.

Afirmación	Nombre
1. ¡Tengo más hambre que un elefante!	
2. Pero si van a ir de excursión deben comer bien.	
3. Y de tomar, les recomiendo el jugo de piña, frutilla y mora.	
4. Hoy es el cumpleaños de Maite.	
5. ¡Rico, rico!	

3 **Los restaurantes de Madrid** (00:43:45 – 00:44:04) Watch Maite's flashback about restaurants in Madrid and select the sentence that best summarizes the flashback.

____ 1. Es muy caro salir a cenar en Madrid.
____ 2. A Maite no le gustan los restaurantes de Madrid.
____ 3. Hay una gran variedad de restaurantes en Madrid.
____ 4. Los restaurantes de Madrid son muy elegantes.

4 **Resumen** (00:44:53 – 00:46:32) Watch the **Resumen** segment of this video module and fill in the missing words in these sentences.

1. JAVIER ¿Qué nos ____________ usted?
2. DON FRANCISCO Debo ____________ más a menudo.
3. DOÑA RITA ¿____________ lo traigo a todos?
4. DON FRANCISCO Es bueno ____________ a la dueña del mejor restaurante de la ciudad.
5. ÁLEX Para mí las ____________ de maíz y el ceviche de ____________.

Video Manual

Después de ver el video

5 **Opiniones** Write the names of the video characters who expressed the following opinions, either verbally or through body language.

_______________ 1. Don Francisco es un conductor excelente.

_______________ 2. El servicio en este restaurante es muy rápido.

_______________ 3. Nuestros pasteles son exquisitos.

_______________ 4. ¡Caldo de patas! Suena (*It sounds*) como un plato horrible.

_______________ 5. Las tortillas de maíz son muy sabrosas. Se las recomiendo.

_______________ 6. Las montañas de nuestro país son muy hermosas.

6 **Corregir** Correct these false statements about the **¿Qué tal la comida?** video episode.

1. El Cráter es un mercado al aire libre.

____

2. La Sra. Perales trabaja en El Cráter. Es camarera.

____

3. Maite pide las tortillas de maíz y la fuente de fritada.

____

4. Álex pide el caldo de patas y una ensalada.

____

5. De beber, todos piden té.

____

6. La Sra. Perales dice (*says*) que los pasteles de El Cráter son muy caros.

____

7 **Preguntas personales** Answer these questions in Spanish.

1. ¿Almuerzas en la cafetería de tu universidad? ¿Por qué sí o por qué no? _______________

____

2. ¿Cuál es tu plato favorito? ¿Por qué? _______________

____

3. ¿Cuál es el mejor restaurante de tu comunidad? Explica (*Explain*) tu opinión. _______________

____

4. ¿Cuál es tu restaurante favorito? ¿Cuál es la especialidad de ese restaurante? _______________

____

5. ¿Sales mucho a cenar con tus amigos/as? ¿Adónde van a cenar? _______________

____

Nombre ______________________ Fecha ______________________

¡FELIZ CUMPLEAÑOS, MAITE!

Lección 9

Antes de ver el video

1 **Una fiesta** In this video episode, Sra. Perales and don Francisco surprise Maite with a birthday party. Based on this information, what kinds of things do you expect to see in this episode?

____
____
____
____
____
____
____
____

Mientras ves el video

2 **Ordenar** (00:47:00 – 00:50:40) Watch the **¡Feliz cumpleaños, Maite!** segment of this video module and put the following events in the correct order.

____ 1. Álex recuerda la quinceañera de su hermana.
____ 2. Los estudiantes miran el menú.
____ 3. Javier pide un pastel de chocolate para su cumpleaños.
____ 4. La Sra. Perales trae un flan, un pastel y una botella de vino.
____ 5. Los estudiantes deciden dejarle una buena propina a la Sra. Perales.

3 **La quinceañera** (00:49:28 – 00:49:44) Watch Álex's flashback about his sister's **quinceañera**. Select the **Sí** column if the following actions occurred in the flashback; select the **No** column if the actions did *not* occur.

Acción	Sí	No
1. Álex canta para su hermana.	________	________
2. Todos se sientan a cenar.	________	________
3. Todos nadan en la piscina.	________	________
4. Varias personas bailan.	________	________

4 **Resumen** (00:50:41 – 00:51:52) Watch the **Resumen** segment of this video module and indicate who says the following lines.

________________ 1. Sra. Perales, mi cumpleaños es el primero de octubre…
________________ 2. Dicen que las fiestas son mejores cuando son una sorpresa.
________________ 3. ¿Hoy es tu cumpleaños, Maite?
________________ 4. Ayer te lo pregunté, ¡y no quisiste decírmelo!

Nombre ______________________ Fecha ______________________

Después de ver el video

5 **Corregir** All of the following statements about this video episode are false. Rewrite them so that they will be correct.

1. Álex le sirve un pastel de cumpleaños a Maite.

____

2. Don Francisco le deja una buena propina a la Sra. Perales.

____

3. Maite cumple los diecinueve años.

____

4. Don Francisco toma una copa de vino.

____

5. El cumpleaños de Javier es el quince de diciembre.

____

6. El cumpleaños de Maite es el primero de octubre.

____

6 **Eventos importantes** In Spanish, list the three events from this video episode that you consider to be the most important, and explain your choices.

____

7 **Preguntas personales** Answer these questions in Spanish.

1. ¿Vas a muchas fiestas? ¿Qué haces en las fiestas? ____

2. ¿Qué haces antes de ir a una fiesta? ¿Y después? ____

3. ¿Cuándo es tu cumpleaños? ¿Cómo vas a celebrarlo? ____

4. ¿Te gusta recibir regalos en tu cumpleaños? ¿Qué tipo de regalos? ____

Nombre ______________________ Fecha ______________________

¡UF! ¡QUÉ DOLOR!

Lección 10

Antes de ver el video

1 **Un accidente** Look at the video still. Where do you think Javier and don Francisco are? What is happening in this scene?

____

____

____

____

____

____

____

____

Mientras ves el video

2 **¿Quién?** (00:52:19 – 00:56:29) Watch the **¡Uf! ¡Qué dolor!** segment of this video module and select the correct column to indicate who said each sentence.

Oración	Javier	don Francisco	Dra. Márquez
1. ¡Creo que me rompí el tobillo!	______	______	______
2. ¿Cómo se lastimó el pie?	______	______	______
3. ¿Embarazada? Definitivamente NO.	______	______	______
4. ¿Está roto el tobillo?	______	______	______
5. No te preocupes, Javier.	______	______	______

3 **Clínicas y hospitales** (00:54:20 – 00:54:41) Watch Javier's flashback about medical facilities in Puerto Rico and select the things you see.

____ 1. una paciente
____ 2. una computadora
____ 3. enfermeras
____ 4. un termómetro
____ 5. una radiografía
____ 6. letreros (*signs*)
____ 7. unos edificios
____ 8. unas pastillas
____ 9. un microscopio
____ 10. una inyección

4 **Resumen** (00:56:30 – 00:57:39) Watch the **Resumen** segment of this video module. Then write the name of the person who said each sentence and fill in the missing words.

____________ 1. De niño tenía que ir mucho a una ____________ en San Juan.
____________ 2. ¿Cuánto tiempo ____________ que se cayó?
____________ 3. Tengo que descansar durante dos o tres días porque me ____________ el tobillo.
____________ 4. No está ____________ el tobillo.
____________ 5. Pero por lo menos no necesito el ____________ para dibujar.

Video Manual

Después de ver el video

5 **Seleccionar** In the blanks provided, write the letter of the word or words that best complete each sentence.

1. ___ conoce a una doctora que trabaja en una clínica cercana (*nearby*).
   a. Don Francisco b. Maite c. Álex d. Inés
2. La doctora Márquez le va a ___ unas pastillas a Javier.
   a. vender b. comprar c. recetar d. romper
3. Cuando era ___, ___ se enfermaba mucho de la garganta.
   a. niña; la Dra. Márquez b. niño; Javier c. niño; Álex d. niño; don Francisco
4. La doctora Márquez quiere ver si Javier se rompió uno de los huesos ___.
   a. de la pierna b. del pie c. del tobillo d. de la rodilla
5. Una vez ___ se rompió la pierna jugando al ___.
   a. don Francisco; fútbol b. Javier; béisbol c. la Dra. Márquez; baloncesto d. Álex; fútbol
6. ___ se cayó cuando estaba en ___.
   a. Álex; el parque b. Javier; el autobús c. Don Francisco; la clínica d. Javier; el restaurante

6 **Preguntas** Answer the following questions in Spanish.

1. ¿Tiene fiebre Javier? ¿Está mareado?
   ___
2. ¿Cuánto tiempo hace que se cayó Javier?
   ___
3. ¿Cómo se llama la clínica donde trabaja la doctora Márquez?
   ___
4. ¿A quién no le gustaban mucho las inyecciones ni las pastillas?
   ___
5. ¿Va a poder ir Javier de excursión con sus amigos?
   ___

7 **Preguntas personales** Answer these questions in Spanish.

1. ¿Te gusta ir al/a la médico/a? ¿Por qué sí o por qué no? ___
   ___
2. ¿Tienes muchas alergias? ¿Eres alérgico/a a algún medicamento? ___
   ___
3. ¿Cuándo es importante ir a la sala de emergencias? ___
   ___
4. ¿Qué haces cuando tienes fiebre y te duele la garganta? ___
   ___

Nombre ______________________ Fecha ______________________

TECNOHOMBRE, ¡MI HÉROE!

Lección 11

Antes de ver el video

1 **¿Qué pasa?** Look at the video still. Where do you think Inés and don Francisco are? What do you think they are doing, and why?

____
____
____
____
____
____
____
____

Mientras ves el video

2 **¿Qué oíste?** (00:58:05 – 01:03:23) Watch the **Tecnohombre, ¡mi héroe!** segment of this video module and select the items you hear.

____ 1. Lo siento. No está.
____ 2. Con él habla.
____ 3. Con el Sr. Fonseca, por favor.
____ 4. ¡A sus órdenes!
____ 5. ¡Uy! ¡Qué dolor!
____ 6. ¡No me digas!
____ 7. Estamos en Ibarra.
____ 8. Viene enseguida.
____ 9. No puede venir hoy.
____ 10. No veo el problema.

3 **Madrid** (00:58:34 – 00:58:55) Watch Maite's flashback about getting around in Madrid and select the things you see.

____ 1. calles
____ 2. semáforos
____ 3. carros
____ 4. una motocicleta
____ 5. monumentos
____ 6. taxis
____ 7. una mujer policía
____ 8. un taller
____ 9. una ambulancia
____ 10. una gasolinera

4 **Resumen** (01:03:24 – 01:04:30) Watch the **Resumen** segment of this video module. Then write the name of the person who said each line.

______________ 1. Cuando estaba en la escuela secundaria, trabajé en el taller de mi tío.
______________ 2. Y Álex (...) usó su teléfono celular para llamar a un mecánico.
______________ 3. Al salir de Quito los otros viajeros y yo no nos conocíamos muy bien.
______________ 4. Piensa que puede arreglar el autobús aquí mismo.
______________ 5. Es bueno tener superamigos, ¿no?

Video Manual

Nombre ______ Fecha ______

Después de ver el video

5 **Corregir** All of these statements about the video episode are false. Rewrite them so that they will be true.

1. Don Francisco llamó al señor Fonseca, el mecánico.
______
2. Maite aprendió a arreglar autobuses en el taller de su tío.
______
3. Don Francisco descubre que el problema está en el alternador.
______
4. El mecánico saca una foto de Tecnohombre y la Mujer Mecánica con Maite y don Francisco.
______
5. El asistente del señor Fonseca está mirando la televisión.
______
6. El autobús está a unos treinta y cinco kilómetros de la ciudad.
______

6 **Una carta** Imagine that Maite is writing a short letter to a friend about today's events. In Spanish, write what you think Maite would say in her letter.

______

7 **Preguntas personales** Answer these questions in Spanish.

1. Cuando tu carro está descompuesto, ¿lo llevas a un(a) mecánico/a o lo arreglas tú mismo/a? ¿Por qué? ______
2. ¿Conoces a un(a) buen(a) mecánico/a? ¿Cómo se llama? ______
3. ¿Tienes un teléfono celular? ¿Para qué lo usas? ______

Video Manual

Nombre _______________ Fecha _______________

¡LES VA A ENCANTAR LA CASA!

Lección 12

Antes de ver el video

1 **En la casa** In this lesson, the students arrive at the house in Ibarra near the area where they will go on their hiking excursion. Keeping this information in mind, look at the video still and describe what you think is going on.

____

____

____

____

____

____

____

Mientras ves el video

2 **¿Cierto o falso?** (01:04:59 – 01:09:00) Watch the **¡Les va a encantar la casa!** segment of this video module and indicate whether each statement is **cierto** or **falso**.

	Cierto	Falso
1. La señora Vives es la hermana de don Francisco.	❍	❍
2. Hay mantas y almohadas en el armario de la alcoba de los chicos.	❍	❍
3. El guía llega mañana a las siete y media de la mañana.	❍	❍
4. Don Francisco va a preparar todas las comidas.	❍	❍
5. La señora Vives cree que Javier debe poner las maletas en la cama.	❍	❍

3 **En México** (01:05:49 – 01:06:26) Watch Álex's flashback about lodgings in **México** and select the things you see.

___ 1. balcones

___ 2. puertas

___ 3. apartamentos

___ 4. una bicicleta

___ 5. un perro (*dog*)

___ 6. una vaca (*cow*)

4 **Resumen** (01:09:01 – 01:10:15) Watch the **Resumen** segment of this video module. Then select each event that occurred in the **Resumen**.

___ 1. La señora Vives les dice a los estudiantes que deben descansar.

___ 2. Inés habla de la llegada (*arrival*) de los estudiantes a la casa.

___ 3. Inés dice que va a acostarse porque el guía llega muy temprano mañana.

___ 4. Don Francisco les dice a los estudiantes que les va a encantar la casa.

___ 5. Javier dice que los estudiantes van a ayudar a la señora Vives con los quehaceres domésticos.

Después de ver el video

5 **Seleccionar** Write the letter of the words that best complete each sentence.

1. Don Francisco dice que la casa es ____.
   a. pequeña pero bonita b. pequeña pero cómoda c. cómoda y grande
2. La habitación de los chicos tiene dos camas, una ____ y una ____.
   a. mesita de noche; cómoda b. silla; lavadora c. cómoda; escalera
3. El sofá y los sillones ____ son muy cómodos.
   a. del jardín b. de la sala c. de las alcobas
4. Al fondo del ____ hay un ____.
   a. apartamento; comedor b. edificio; baño c. pasillo; baño
5. Inés le dice a ____ que los estudiantes quieren ayudarla a ____ la comida.
   a. Maite; comprar b. la Sra. Vives; preparar c. don Francisco; comer

6 **Preguntas** Answer the following questions about this video episode in Spanish.

1. ¿Cómo se llama el guía que viene mañana?

____

____

2. ¿Quién puso su maleta en la cama?

____

____

3. ¿Cómo se llama el ama de casa?

____

____

4. ¿Quién quiere que los estudiantes hagan sus camas?

____

____

5. Según don Francisco, ¿por qué deben acostarse temprano los estudiantes?

____

____

7 **Escribir** Imagine that you are one of the characters you saw in this video episode. Write a paragraph from that person's point of view, summarizing what happened in this episode.

____

____

____

____

____

____

____

Nombre _______________ Fecha _______________

¡QUÉ PAISAJE MÁS HERMOSO!

Lección 13

Antes de ver el video

1 **La excursión** In this video episode, Martín takes the students out to see the area where they will go hiking. What do you think the students and Martín talk about when they get to the hiking area?

____

____

____

____

____

____

____

____

Mientras ves el video

2 **Opiniones** (01:10:38 – 01:14:15) Watch the **¡Qué paisaje más hermoso!** segment and select each opinion that was expressed in this video segment.

____ 1. Hay un gran problema de contaminación en la ciudad de México.

____ 2. En las montañas, la contaminación no afecta al río.

____ 3. El aire aquí en las montañas está muy contaminado.

____ 4. No es posible hacer mucho para proteger el medio ambiente.

____ 5. Es importante controlar el uso de automóviles.

3 **Los paisajes de Puerto Rico** (01:11:52 – 01:12:22) Watch Javier's flashback about Puerto Rico's countryside and select the things you see.

____ 1. un río

____ 2. unas montañas

____ 3. un pez

____ 4. una flor

____ 5. unas nubes

____ 6. unos árboles

4 **Resumen** (01:14:16 – 01:15:37) Watch the **Resumen** segment of this video module. Then indicate who made each statement, and complete the statements with the correct words

____________ 1. Martín nos explicó lo que teníamos que hacer para proteger el ____________.

____________ 2. Y sólo deben caminar por el ____________.

____________ 3. No creo que haya ____________ más bonitos en el mundo.

____________ 4. La ____________ es un problema en todo el mundo.

____________ 5. ¡____________ que las comparta conmigo!

Video Manual

Después de ver el video

5 **¿Cierto o falso?** Indicate whether each sentence about this video episode is **cierto** or **falso**. If an item is false, rewrite it so that it will be correct.

	Cierto	Falso
1. Maite dice que su carro contamina mucho el aire.	❍	❍
2. Martín dice que el río no está contaminado cerca de las ciudades.	❍	❍
3. A Maite no le gusta el paisaje.	❍	❍
4. Según Martín, es muy importante cuidar la naturaleza.	❍	❍
5. Martín cree que es importante tocar las flores y las plantas.	❍	❍

6 **Preguntas** Answer the following questions about this video episode in Spanish.

1. ¿Se pueden tomar fotos durante la excursión?
2. Según Javier, ¿cómo son los paisajes de Puerto Rico?
3. ¿Qué deben hacer los estudiantes si ven por el sendero botellas, papeles o latas?
4. ¿Qué va a hacer Maite si no puede conducir su carro en Madrid?
5. Según Álex, ¿cómo es el aire de la capital de México?

7 **Describir** List a few things that people can do to protect your community's environment.

Nombre _______________ Fecha _______________

ESTAMOS PERDIDOS.

Lección 14

Antes de ver el video

1 **En el centro** In this video episode, Álex and Maite get lost while running errands. What kinds of errands do you think they are running? Based on the video still, what do you think they will do to get their bearings?

____

____

____

____

____

____

____

Mientras ves el video

2 **Ordenar** (01:16:02 – 01:20:02) Watch the **Estamos perdidos** segment of this lesson's video module and put the following events in the correct order.

____ 1. Maite le describe a Inés los eventos del día.

____ 2. Don Francisco y Martín les dan consejos a los estudiantes sobre la excursión.

____ 3. Álex y Maite se pierden pero un joven les da direcciones.

____ 4. Maite y Álex van al banco y al supermercado.

____ 5. Álex y Maite deciden ir al centro.

3 **Completar** (01:16:02 – 01:20:02) Watch the **Estamos perdidos** segment and complete the following sentences.

1. Estamos conversando sobre la _______________ de mañana.
2. Les _______________ que traigan algo de comer.
3. ¿Hay un _______________ por aquí con cajero automático?
4. Fuimos al banco y al _______________.
5. También buscamos un _______________.

4 **Resumen** (01:20:03 – 01:21:58) Watch the **Resumen** segment of this video module. Then select the events that you saw in the **Resumen**.

____ 1. Maite sugiere que vayan ella y Álex al supermercado para comprar comida.

____ 2. Inés dice que necesita ir al banco y al supermercado.

____ 3. Maite le pregunta al joven si hay un banco en la ciudad con cajero automático.

____ 4. Álex y Maite toman un helado juntos.

Video Manual

Después de ver el video

5 **Seleccionar** In the blanks provided, write the letter of the word or words that best completes each sentence.

1. Don Francisco les recomienda a los estudiantes que ____ para la excursión.
   a. compren comida b. traigan refrescos c. lleven ropa adecuada d. compren un mapa
2. Martín les aconseja a los estudiantes que traigan ____.
   a. comida b. unos refrescos c. un teléfono celular d. helado
3. Inés quiere que Maite le compre ____.
   a. un mapa b. unas estampillas c. unas postales d. una cámara
4. Álex y Maite van al banco, al correo y ____.
   a. al supermercado b. a la joyería c. al consultorio d. al cine
5. Antes de volver a la casa Álex y Maite van a una ____.
   a. pescadería b. joyería c. heladería d. panadería
6. Maite piensa que el joven que les dio direcciones es ____.
   a. guapo pero antipático b. alto y guapo c. simpático e inteligente d. guapo y simpático

6 **Escribir** Write a summary of today's events from Maite's point of view.

____

____

____

____

____

____

____

____

____

7 **Las diligencias** Write a short paragraph describing some of the errands you ran last week. What did the errands involve, and what places in your community did you visit while running your errands?

____

____

____

____

____

____

____

____

____

____

Nombre ______________________ Fecha ______________________

¡QUÉ BUENA EXCURSIÓN!

Lección 15

Antes de ver el video

1 **Una excursión** List the types of things you would probably do and say during a hiking trip through a scenic area.

____
____
____
____
____
____
____
____

Mientras ves el video

2 **¿Quién?** (01:22:23 – 01:27:41) Watch the **¡Qué buena excursión!** segment of this video module and indicate who said the following things.

______________ 1. Ya veo que han traído lo que necesitan.

______________ 2. No puedo creer que finalmente haya llegado el gran día.

______________ 3. Increíble, don Efe. Nunca había visto un paisaje tan espectacular.

______________ 4. Nunca había hecho una excursión.

______________ 5. Creo que la Sra. Vives nos ha preparado una cena muy especial.

3 **Un gimnasio en Madrid** (01:23:34 – 01:24:04) Watch Maite's flashback about her gym in Madrid and select the people and things you see.

___ 1. una mujer que hace abdominales (*is doing situps*)

___ 2. un hombre que lleva pantalones cortos rojos

___ 3. un hombre que levanta pesas

___ 4. una mujer que lleva una camiseta roja

4 **Resumen** (01:27:42 – 01:28:50) Watch the **Resumen** segment of this video module. Then number the following events from one to five according to the order in which they occurred in the **Resumen**.

______________ 1. Javier dice que sacó muchísimas fotos.

______________ 2. Inés menciona que Martín es un guía muy bueno.

______________ 3. Inés dice que se alegra de haber conocido a los otros estudiantes.

______________ 4. Martín recomienda que los chicos hagan unos ejercicios de estiramiento.

______________ 5. Maite dice que se divirtió mucho durante la excursión.

Nombre ______________________ Fecha ______________________

Después de ver el video

5 **¿Cierto o falso?** Indicate whether each sentence about this video episode is **cierto** or **falso**. If an item is false, rewrite it so that it will be correct.

	Cierto	Falso
1. Según Álex, es muy bonita el área donde hicieron la excursión.	❍	❍
2. Martín y los estudiantes hacen unos ejercicios de estiramiento después de la excursión.	❍	❍
3. Don Francisco dice que el grupo debe volver a la casa para preparar la cena.	❍	❍
4. Maite va a un gimnasio cuando está en Madrid.	❍	❍
5. Maite va a tener mucho que contarle a su familia cuando regrese a España.	❍	❍

6 **Preguntas personales** Answer the following questions in Spanish.

1. ¿Vas al gimnasio todos los días? ¿Por qué sí o por qué no?
2. ¿Sacas muchas fotos cuando estás de vacaciones? ¿Por qué sí o por qué no?
3. ¿Te gusta comer una cena grande después de hacer ejercicio? Explica por qué.
4. ¿Has visto alguna vez un paisaje tan bonito como el paisaje que vieron Álex, Maite, Javier e Inés? ¿Dónde?
5. ¿Quieres hacer una excursión como la que hicieron los cuatro estudiantes? Explica tu respuesta.

7 **Describir** Write a description of your personal fitness routine. You may write about an imaginary fitness routine if you wish.

Video Manual